A M. ARONDEL

VAUTOURS

ET

PIGEONS

COMÉDIE-DRAME EN TROIS ACTES,

PAR

FERDINAND ACHET.

BOURGES

IMPRIMERIE & LITHOGRAPHIE A. JOLLET FILS.

1861.

VAUTOURS et PIGEONS

COMÉDIE-DRAME EN TROIS ACTES.

DÉDICACE.

A M. ARONDEL, Artiste Dramatique à Paris.

A vous, dont l'heureux patronage
Tira ma muse du néant,
Cher ARONDEL, j'offre ce gage
De mon sincère dévouement.

Je l'avoue, avant qu'un bon ange *
Sous votre garde ne m'ait mis,
J'ai remué bien de la fange
Sous la forme de vrais amis.

Que de serments où l'on se fonde
Et qui ne sont qu'un jeu cruel !
Combien de LUSSAC dans le monde,
Hélas ! combien peu d'ARONDEL !

* Mme Gilbert-David.

VAUTOURS

ET

PIGEONS

COMÉDIE-DRAME EN TROIS ACTES,

PAR

FERDINAND ACHET.

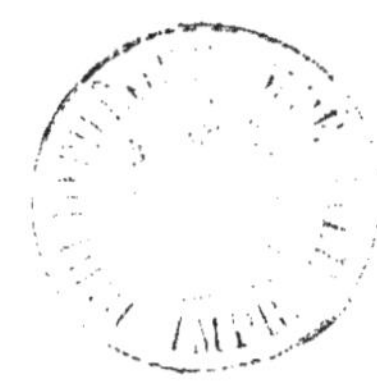

ACTE Ier. — **DÉCLARATION DE GUERRE.**

ACTE II. — **CHASSE AUX FLAMBEAUX.**

ACTE III. — **L'AIGLE & LE VAUTOUR.**

BOURGES

IMPRIMERIE & LITHOGRAPHIE DE A. JOLLET FILS.

1861.

PERSONNAGES :

LAMBERT, Cultivateur.
GASTON, son Fils.
ADÈLE, sa Fille.
GUIBLAIN, Cultivateur.
HENRI, son Fils.
JULIE, sa Fille.
MATHIEU, Meunier.
LA BARONNE DE PRÉCY.
ANTONIA, sa Fille.
DE LUSSAC.
DE SAINT-MAURICE.

DE MAULÉON.
GODARD.
PIERRE, Domestique de Guiblain.
NICOLE, Servante de Lambert.
CHARLOTTE, femme de chambre de la B^{ne}.
JOLY.
LEROY.
1er JOUEUR.
2me JOUEUR.
Joueurs, Danseurs et Danseuses, Domestiques, Laboureurs, etc.

LA SCÈNE SE PASSE :

AU 1er ACTE *a la Ferme de Guiblain;*

AU 2e ACTE *au Château de la Baronne;*

AU 3e ACTE *a la Ferme de Lambert, voisine de celle de Guiblain.*

VAUTOURS & PIGEONS.

ACTE Ier

DÉCLARATION DE GUERRE.

JARDIN CHEZ GUIBLAIN.

Une Charmille à laquelle on arrive du fond par une large ouverture qui laisse à découvert une partie de la maison de maître. — Issues à droite et à gauche. — Bancs, chaises, tables champêtres.

SCÈNE I.

PIERRE, *dans la coulisse, à gauche.*

Bravo! bravo! admirez-moi ça. (*Il entre en scène avec un renard qu'il vient de prendre au trébuchet.*) Tiens, je suis seul à m'applaudir. Au fait, il est si matin... Ah! coquin, tu ne viendras plus dévorer nos poulets; ton tour est fini. Voyons, où mettre cela en guise de trophée?... Ici. (*Il l'accroche à la charmille au fond.*) C'est pourtant drôle, tout de même, que les bêtes se mangent comme ça entr'elles. Elles n'ont donc pas d'humanité? — On dit que les loups, eux, ne se mangent pas: il faudra que j'en fasse l'expérience un jour. — Là, voilà qui est fait.

SCÈNE II.

PIERRE, MATHIEU, *arrivant par la droite.*

MATHIEU.

Qu'est-ce que tu fais donc là, mon garçon?

PIERRE.

Tiens, c'est vous, père Mathieu? Dame, vous voyez, j'affiche mes succès, j'étale ma gloire.

MATHIEU.

C'est toi qui as tué cela?

PIERRE.

Tué, non... ça aurait pu le défigurer; mais je l'ai pris au trébuchet.

MATHIEU.

C'est moins glorieux que l'autre manière, mais enfin...

PIERRE.

Comment, moins glorieux?...

MATHIEU.

Et puis tu ne songes pas que dans un quart-d'heure il n'y aura plus moyen de respirer ici. (*S'approchant.*) Tiens, il sent déjà. Pouah! (*Un homme passe au fond.*) Justement, voici un de vos laboureurs. Tenez, père Lucas, emportez cela: vous l'écorcherez proprement et vous rapporterez la peau à Pierre. Voici un écu pour votre peine. (*A Pierre*). Tu en feras cadeau à ton maître, qui s'en fera une descente de lit... histoire de ne rien perdre.

PIERRE.

Avec cela, c'est trois francs que je vous dois.

MATHIEU.

Est-ce que tu plaisantes ?

PIERRE.

Ma foi, vous avez eu là une bonne idée tout de même, d'autant plus que la robe de ce renard est magnifique.

MATHIEU.

Oui. Quel dommage qu'elle ait renfermé un être vivant ! elle ne paiera jamais le mal qu'il a fait. Combien de gens, comme le renard, n'ont de bon que leur enveloppe et s'en vont toujours trop tard !

PIERRE.

Oh ! oh ! père Mathieu, pour un meunier, vous avez des idées bien noires ce matin. Ce n'est pas pour moi, au moins, ce que vous dites là, parce que j'ai une veste neuve ?

MATHIEU, *se récriant*.

Oh ! mon pauvre garçon, non, certes, ce n'est pas pour toi, ni pour personne de cette commune, qui n'est composée que de braves gens, on peut le dire, tous francs, loyaux, sévères sur le point d'honneur.

PIERRE.

Enfin, qu'est-ce que vous voulez ?

MATHIEU.

Es-tu étourneau ? Est-ce que tu ne te rappelles pas qu'hier soir ton maître t'a dit devant moi...

PIERRE.

Ah ! oui... de vous prêter quatre grands sacs vides dont vous avez besoin.

MATHIEU.

Un besoin urgent, en attendant ceux que je fais venir de Paris.

PIERRE.

Il paraît que ça marche bien à votre moulin ?

MATHIEU.

Je ne suis pas mécontent.

PIERRE.

Je crois bien. Devez-vous en gagner de cet argent !

MATHIEU.

Pas tant que tu crois. Mon moulin emploie beaucoup d'ouvriers qu'il faut payer bon an mal an.

PIERRE.

Et dame ! on dit que vous ne lésinez pas ; vous les payez largement.

MATHIEU.

Je tâche d'être juste et que personne n'ait à se plaindre.

PIERRE.

Aussi il faut voir comme on vous aime, comme on vous respecte. Vous devez être bien heureux.

MATHIEU.

Heureux !... ah ! mon pauvre garçon, le bonheur est bien mort pour moi depuis longtemps. Ce n'est pas quand on a vu disparaître successivement tous les siens qu'on peut...

PIERRE.

Tous les siens ! D'après ce que je vous ai entendu dire à vous-même, votre famille n'était pas si nombreuse. Elle ne se composait que de votre sœur et de votre beau-frère...

MATHIEU.

Et d'un neveu que sa pauvre mère en mourant m'avait tant recommandé...

PIERRE.

Bon. Vous revenez toujours là-dessus. Je vous conseille de le plaindre, ce neveu ; un vilain drôle, m'avez-vous dit, fier et vaniteux, qui, à vingt ans, rougissant du métier de son oncle, est parti un beau jour, vous emportant dix mille francs qui étaient bien à vous, car ses père et mère n'avaient rien laissé.

MATHIEU.

Cet argent était à lui aussi, en ce sens qu'il était bien entendu qu'il aurait tout après ma mort. Aussi n'ai-je pas un instant songé à la somme qu'il m'emportait, bien que ce fût à peu près tout mon avoir. Mais ce qui m'a blessé au fond du cœur, ce qui m'a tué, vois-tu, c'est que l'idée ait pu lui venir de m'abandonner ainsi brusquement, sans me laisser seulement un mot, sans témoigner aucun regret de l'action qu'il allait commettre, lui que j'avais élevé avec tant de soin, lui mon filleul, que j'aimais tant ! (*Il pleure.*)

PIERRE.

Voyons, voyons, ne pleurez donc pas comme cela, à votre âge... Et depuis, vous n'en avez pas eu de nouvelles ?

MATHIEU.

Non. J'ai confié à un ami, là-bas, le lieu de ma retraite. Tous les ans je lui écris pour savoir si Georges a reparu, si l'on a eu de ses nouvelles. Rien, toujours rien. Depuis huit ans, qu'est-il devenu ? Il n'est pas vraisemblable qu'avec ses goûts de luxe et d'élégance il ait vécu pendant tout ce temps avec ses dix mille francs, et d'un autre côté je ne puis croire qu'il se soit placé quelque part comme ouvrier. Il était trop fier pour cela.

PIERRE.

Et c'est la fuite de votre neveu qui vous a décidé à quitter votre pays pour venir vous fixer à deux cents lieues plus loin ?

MATHIEU.

Oui. Je ne pouvais plus vivre aux lieux où j'avais vu naître, où j'avais bercé mon pauvre petit Georges, où j'avais vu enfin sa pauvre mère mourir dans mes bras, en me disant : Veille sur lui comme sur ton enfant. (*Une larme.*)

PIERRE.

Eh bien ! voilà que vous recommencez ! Ah ! quel cœur de poulet vous avez ! — De sorte que si votre brigand de neveu revenait tout à coup, vous lui pardonneriez ?

MATHIEU.

S'il revenait, c'est qu'il se repentirait.

PIERRE.

Oui, croyez cela. Si jamais il revient, ce sera pour vous dévaliser une seconde fois, vous pouvez en être sûr ; et à votre place, ou je le mettrais sous clef pour le punir, ou je le renverrais comme un chien.

MATHIEU.

Sans même entendre ses explications ? Y songes-tu ? Mais qu'est-ce que nous disons là... Georges est mort sans doute, et je ne le verrai plus. (*Il tire son mouchoir.*)

PIERRE.

Encore ! quelle fontaine ! — Je vais chercher vos sacs.

MATHIEU, *seul un moment.*

Oh ! s'il pouvait revenir, revenir soumis et repentant... Pierre, qui me demande si je lui pardonnerais !... c'est-à-dire que je ne pourrais plus me contenir et que mon cœur déborderait de joie.

PIERRE, *revenant avec quatre sacs sur une épaule et un verre de vin à la main.*

Tenez, mon brave, voilà quatre sacs et de plus un verre de vin pour noyer votre chagrin.

MATHIEU.

Merci, mon garçon, je n'ai pas soif.

PIERRE.

Bah ! moi non plus, mais c'est égal. (*Il boit*).

MATHIEU.

Je te remercie toujours. Bonjour, Pierre. (*Il sort à droite.*)

PIERRE.

Bonjour, père Mathieu. (*Paraissent au fond Guiblain et Henri*). Les maîtres !... cachons-leur ma débauche ! (*Il cache le verre sous sa veste et sort à gauche.*)

SCÈNE III.

GUIBLAIN, HENRI*, *puis* JULIE.

GUIBLAIN, *retenant Henri, qui veut le suivre.*

Allons, voyons, Henri, sois donc raisonnable ; je te répète que tu as été souffrant ces jours derniers et que tu as encore besoin de repos.

HENRI.

Mais, mon père, cette terre n'est qu'à deux pas, et vous savez que je n'aime pas vous voir ainsi sortir seul. Si au moins vous aviez consenti à ce que Pierre vous accompagnât. Voilà que vous commencez à... (*Il s'arrête*)

GUIBLAIN.

A quoi faire ?... à vieillir ?... Voilà ce que tu veux dire, n'est-ce pas ?

HENRI, *lui prenant la main.*

Mon bon père ! (*Julie paraît au fond **).

GUIBLAIN.

Sois tranquille, mon cher Henri. Dieu merci, j'ai une santé qui me permettra quelque temps encore de me livrer à mes travaux, et quand je croirai le moment du repos venu pour moi, eh bien ! tu me remplaceras tout à fait. Je ne ferai plus rien... (*entourant Julie et Henri de ses deux bras*) qu'admirer et bénir mes deux enfants, qui n'ont cessé un seul instant d'être ma joie... (*soupirant*) ou ma consolation.

JULIE, *portant son mouchoir à ses yeux.*

Ma pauvre mère !

GUIBLAIN, *essuyant une larme.*

Voyons, voyons, ne nous attendrissons pas ; ce n'est pas le moment. (*A Julie.*) Ah çà ! tu n'oublies pas que c'est aujourd'hui que nos voisins...

JULIE.

Soyez tranquille.

GUIBLAIN.

J'aime à croire que tu t'es signalée, et que, Catherine aidant, tu as tenu à mériter de nouveau le titre de cordon bleu qui t'a été décerné la dernière fois. (*Tirant sa montre.*) Mais je bavarde, je bavarde... je vais voir ma terre. (*Il baise le front de Julie.*) A bientôt. (*Il sort à droite.*)

SCÈNE IV.

HENRI, JULIE*.

JULIE.

De quelle terre mon père veut-il parler ?

HENRI.

D'une terre qu'il a achetée hier, — qui n'est pas loin d'ici heureusement. Je voulais l'accompagner, mais il s'y est obstinément refusé.

(*) Guiblain, Henri.

(**) Julie, Guiblain, Henri.

JULIE.

Il a bien fait. Tu sors à peine de convalescence. Je trouve que tu ne te ménages pas assez, et quand mon père t'abandonnera l'exploitation de ce domaine, j'espère bien que tu prendras aussi quelqu'un pour t'aider. Du reste, je ne puis que t'approuver d'avoir, à la sortie de tes classes, sagement accepté la position de mon père, position qui n'a rien de brillant, mais qui est sûre et vous laisse tant de calme et de tranquillité d'esprit. Ah ! il est bien regrettable que M. Gaston n'ait pas suivi ton exemple.

HENRI.

Oh ! d'abord je te dirai que, bien que dans la même classe, nous étions loin d'être au même rang. A la fin de l'année, il remportait toujours tous les prix, et moi je n'ai jamais eu que de misérables accessits.

JULIE.

Il avait le travail plus facile, peut-être, mais il n'a jamais eu ton bon sens et ta raison.

HENRI.

Décidément, tu n'as pas confiance dans son avenir.

JULIE.

On dit qu'il est difficile, impossible même d'arriver à Paris sans de hautes protections, et je ne sache pas que M. Gaston connaisse personne à Paris ou ailleurs qui puisse le servir, soit au barreau, soit dans les lettres.

HENRI.

Bah ! à force de chercher, peut-être trouvera-t-il. En tout cas, tu n'es pas de l'avis de sa sœur, qui ne doute pas de voir un jour son frère proclamé par la presse le premier écrivain et le premier avocat de son siècle.

JULIE.

Chère Adèle ! elle a une imagination si vive ! Enfin, ce qu'il y a de certain, c'est que voilà trois ans et demi que M. Gaston est à Paris, tout à la fois avocat et homme de lettres, et que les journaux n'ont pas annoncé de lui la plus petite cause ni le plus petit vaudeville.

HENRI.

Attends encore, que diable ! Quoi d'étonnant qu'au bout de trois ans...

JULIE.

Et demi.—Et puis, ce qu'il y a de plus certain encore, c'est que son père, M. Lambert, lui a écrit ces jours derniers une lettre très-sévère dans laquelle il lui déclare que ses droits de mère sont absorbés et au delà, et qu'il ne lui enverra plus rien.

HENRI.

Comment es-tu si bien renseignée ?

JULIE.

J'ai su tout cela par Adèle, qui est désolée. Tu sais que jusqu'ici, toutes les fois que M. Lambert a eu à se plaindre de son fils, il s'en est toujours pris à Adèle,

comme ayant, ainsi que sa mère, entretenu chez M. Gaston ses idées d'ambition. Il est vrai qu'Adèle ne se gênait pas pour lui répondre, le traitant de mauvais père et l'accablant des reproches les plus mordants. Cette fois, elle s'est adoucie et a eu recours à la prière ; elle a supplié son père de disposer de ce qui lui revenait de la succession de sa mère, ajoutant qu'elle n'en avait pas besoin, qu'elle était bien décidée à ne jamais se marier.

HENRI, *vivement.*

Ah ! elle a dit cela ?

JULIE.

Mais, comme tu penses bien, M. Lambert ne l'a pas écoutée un seul instant et s'en est tenu à sa première détermination. Pauvre M. Gaston ! qu'est-ce qu'il va devenir maintenant ? (*Elle va s'asseoir sur un banc à gauche*).

HENRI, *venant s'asseoir à côté d'elle.*

Mon Dieu ! comme tu es émue !... Est-ce que, par hasard...

JULIE, *baissant les yeux.*

Eh bien ! oui... c'est trop longtemps garder un secret que j'aurais dû te confier tout d'abord.

HENRI.

Que m'apprends-tu là ? Quoi ! ce fou de Gaston...

JULIE, *blessée.*

Ah ! tout à l'heure tu prenais sa défense, et voilà que maintenant...

HENRI.

Non, j'ai tort. Mais comment et depuis quand cet amour t'est-il venu ?

JULIE.

Te dire depuis quand, à quel moment son image s'est gravée dans mon cœur me serait impossible. Je crois pourtant que cela remonte aux vacances, où il est revenu ici docteur en droit. Son enthousiasme, sa joie, l'ardeur avec laquelle il parlait du brillant avenir qui allait s'ouvrir devant lui, l'admiration peinte sur tous les visages qui l'entouraient, tout cela m'a gagnée et je me suis associée de tout mon cœur aux espérances de ton ami. J'attendais tous les jours leur réalisation. Toutes les fois qu'on recevait de ses nouvelles, je m'informais avec anxiété du résultat de ses efforts, et alors, tout en admirant sa patience et son courage, je commençais à regretter qu'il eût entrepris une si rude tâche. — Te l'avouerai-je ? quelquefois l'idée me venait que j'étais un peu cause de cette lutte acharnée au bout de laquelle il entrevoyait la fortune et la gloire... Je me figurais qu'il ne courait après ces trésors que pour me les offrir, et je me disais : Ah ! s'il pouvait lire dans mon cœur, il saurait qu'il n'a pas besoin de tout cela pour me plaire. Mais j'étais folle, sans doute, M. Gaston ne songe pas à moi.

HENRI.

Qu'en sais-tu ?

JULIE.

S'il m'aimait, il te l'aurait dit.

HENRI.

Ce n'est pas une raison.

JULIE.

Je me souviens qu'un jour il me parlait de ses espérances. Tout à coup il s'interrompt, et, en me regardant d'un air rêveur : Ah ! le succès me rendrait trop heureux, dit-il, pour que j'ose l'espérer. Il est si rare qu'on obtienne ce qu'on désire si vivement !... Puis il se tut et retomba dans sa rêverie.

HENRI.

Tu vois bien... Moi, je m'explique parfaitement pourquoi Gaston, qui veut rester à Paris, ne se risque pas dès à présent à demander ta main. C'est qu'il pense que mon père, n'entrant point dans ses idées, ne partageant point ses espérances, s'opposerait bien certainement à votre union, ou du moins ferait tous ses efforts pour l'empêcher. Gaston ne veut donc se présenter qu'avec une position faite, pour être plus sûr de t'obtenir ; car enfin comment ne t'aimerait-il pas ? — N'es-tu pas ce qu'il y a de meilleur au monde ?

JULIE.

Mon bon frère ! tu cherches à me rassurer, et tu ne dis pas ce que tu penses.

HENRI.

Par exemple !

JULIE.

Tu ferais mieux de me prêcher la résignation.

HENRI, *après un silence.*

Ce serait donc un bien grand sacrifice pour toi de renoncer à Gaston ?

JULIE, *ingénuement.*

Je ne puis pas te dire, l'idée ne m'en est jamais venue.

HENRI, *lui prenant les deux mains.*

Ma pauvre Julie ! (*A part*). Allons, j'ai deux plaies à panser maintenant. (*Haut*). Tiens, viens au devant de mon père ; un peu d'air te fera du bien, et puis tu m'as fait une confidence, j'en ai peut-être une à te faire de mon côté.

JULIE, *prenant le bras d'Henri.*

Vraiment ? — Partons. (*Ils sortent à droite*).

SCÈNE V.

GASTON, DE LUSSAC *arrivant du fond, puis* PIERRE.

DE LUSSAC.

C'est ici ? — C'est assez gentil ; mais dites donc, il y a loin encore de la route jusqu'ici. Vous disiez que la voiture publique nous déposerait à la porte de chez vous.

GASTON.

Il y a quatre à cinq cents pas de traverse.

DE LUSSAC.

Mais cinq cents pas, c'est la moitié d'un quart de lieue, mon bon.

GASTON, *souriant.*

C'est vrai, je n'y avais pas songé.

DE LUSSAC.

C'est cela, faites de l'esprit ; pour mieux vous écouter, je vais m'asseoir. Ouf ! (*Il se laisse tomber sur un banc à droite*).

GASTON.

Attendez-moi un instant. (*Il va sonner à la maison de maître, derrière la charmille à gauche*).

PIERRE, *paraissant.*

Tiens ! c'est monsieur Gaston.—On ne nous avait pas dit que vous fussiez revenu de Paris.

GASTON.

J'arrive à l'instant. M. Guiblain est-il chez lui ?

PIERRE.

Non. Il est sorti ce matin, il ne peut tarder à rentrer.

GASTON.

Et Henri ?

PIERRE.

Il était là tout à l'heure avec mademoiselle. Ils sont allés sans doute à la rencontre de monsieur.

GASTON.

Ah ! c'est bien. (*A lui-même*). Je vais les attendre. (*Pierre disparaît à droite et rentre en scène avec un arrosoir. Il reste au fond*).

DE LUSSAC, *qui n'a rien entendu, à Gaston qui redescend.*

Décidément, l'air est très-bon ici, mais cela ne suffit pas. Ne pourriez-vous faire venir un peu de madère et des cigares, le tout accompagné d'un journal quelconque ? J'adore la poésie de la campagne, moi, mais c'est à condition d'y trouver tous les agréments de la ville.

GASTON.

Mille pardons, mon cher vicomte, c'est que je ne suis pas précisément chez moi...

DE LUSSAC, *stupéfait.*

Comment ! vous m'aviez dit que vous me meniez chez M. votre père.

GASTON.

Cela est vrai, et nous y serons tout à l'heure... mais j'ai pensé qu'un instant de repos...

DE LUSSAC, *fredonnant.*

Dans ces vertes campagnes...

Après ?

PIERRE, *qui arrosait, interrompant son travail.*

A propos, vous saurez, monsieur Gaston, que M. et mademoiselle Lambert déjeunent ici ce matin.

GASTON, *à part.*

Ah !

PIERRE, *continuant.*

Dans une heure à peu près. Cela fait que vous serez tout transporté.

GASTON, *à part.*

Diable !... et le vicomte.

DE LUSSAC.

Vous n'aviez pas prévu cela, et je comprends votre embarras. (*A Pierre*). Y a-t-il près d'ici une gargote, un cabaret ?...

GASTON, *résolûment.*

Laissez donc, quand il y a pour cinq il y a pour six, et M. Guiblain sera trop heureux de vous avoir à sa table.

DE LUSSAC, *s'inclinant.*

Vous me flattez... Alors vous vous chargez de me faire inviter... soit. Mais, pardon, ce domestique vient de nommer M. et mademoiselle Lambert ; qu'est-ce que mademoiselle Lambert ?

GASTON.

C'est ma sœur.

DE LUSSAC, *étonné.*

Ah ! — vous avez une sœur ?

GASTON.

Oui, et une bien bonne sœur, je vous en réponds.

DE LUSSAC, *à part.*

Tiens ! moi qui, d'après ce qu'il m'avait dit, le croyais fils unique.

GASTON.

Et quel esprit ! quelle imagination ! comme elle me comprend bien et comme elle s'associe à tous mes rêves ! Qu'elle sera heureuse quand elle saura, que, grâce à vous, je suis enfin près d'arriver à mon but, car je puis compter sur vos promesses, n'est-ce pas ? Pardon... mais j'ai été tant de fois déçu !... Avant qu'un heureux hasard m'ait fait vous rencontrer, à combien de gens me suis-je adressé, qui ont indignement exploité ma confiance ! — gens d'une mise quelquefois douteuse, mais d'un langage qui vous impose et vous attire à eux malgré vous. C'est le plus souvent dans un café attenant à un théâtre qu'ils s'installent et prennent en quelque sorte domicile. Il faut les voir gesticuler, il faut les entendre. Il n'y a pas un auteur célèbre, pas un artiste en renom, pas un directeur avec qui ils ne soient ou n'aient été en relations intimes. Et si vous avez besoin d'être mis en rapport avec eux, vous n'avez qu'un mot à dire. — C'est bien tentant pour un pauvre diable qui arrive à Paris sans protection et ne sait où donner de la tête. C'est ainsi que j'y ai été pris et Dieu sait ce que m'ont coûté les prétendus services de ces messieurs. — Un jour, comme on devait se présenter devant un personnage important, on avait besoin d'un habit neuf ; un autre jour, il fallait voir un directeur tellement affairé qu'on n'en obtenait jamais audience, à moins de séduire son valet de chambre. Quelques-uns vont droit au but et ont l'aplomb de vous demander à titre de prêt un argent qu'ils savent bien qu'ils ne vous rendront jamais. Enfin, que vous dirai-je ? vous savez ce que c'est...

DE LUSSAC, *vivement.*

Plaît-il ?

GASTON.

Oh ! je ne dis pas cela pour vous, vicomte ! je suis bien tranquille au sujet de l'argent que je vous ai prêté et je n'avais pas besoin de la signature que vous avez voulu absolument me donner. — Quand je pense à tout ce que vous avez fait pour moi, à tout ce que je vous dois déjà de démarches, de fatigue....

DE LUSSAC.

Et soyez sûr que je ne m'arrêterai pas en route.

GASTON, *lui serrant la main.*

Je le crois.

DE LUSSAC, *à part.*

Tant que route il y aura, car une fois arrivé à la traverse...

GASTON.

Ah ! voici nos hôtes.

SCÈNE VI.

LES MÊMES, GUIBLAIN, HENRI, JULIE.

JULIE, *au fond, très-émue.*

Monsieur Gaston !

HENRI, *allant à Gaston et lui serrant la main.*

C'est toi, enfin !

GUIBLAIN.

Quelle agréable surprise !

GASTON.

Mon cher vicomte, en attendant l'arrivée de ma famille, permettez-moi de vous présenter mes meilleurs amis. — Monsieur Guiblain, je vous présente M. le vicomte de Lussac, je devrais dire mon sauveur, ma providence, car, grâce à lui, je vais sortir enfin de l'obscurité où je languis depuis si longtemps.

JULIE, *avec transport.*

Se peut-il ? — Ah ! monsieur... (*Mouvement de Henri. Julie, qui a remarqué ce mouvement, s'arrête. Elle ôte son chapeau et va l'accrocher à la charmille*).

GUIBLAIN.

Monsieur, croyez que, par suite de l'amitié que j'ai pour Gaston... (*Se retournant vers Gaston*). Mais ton père et ta sœur savent-ils que tu es ici ? Savent-ils ton arrivée ? (*Henri et de Lussac causent à voix basse*).

GASTON, à Guiblain et à Julie.

Non. Mais je sais qu'ils seront ici dans un instant et je ne serais pas fâché que mon père fût prévenu, car bien que je lui rapporte de grandes espérances pour l'avenir, il dira encore peut-être que ce ne sont que des espérances..., et j'ai peur qu'il ne me fasse une scène devant le vicomte, ce dont je serais au désespoir. — Aussi vous, monsieur Guiblain, ou mieux encore vous, mademoiselle, qui êtes si douce et que mon père aime tant, si vous étiez assez bonne....

JULIE, allant prendre son chapeau.

Mais très-volontiers, monsieur Gaston, et soyez tranquille, allez ! je vous ramènerai votre père avec une figure souriante, et il vous embrassera de bon cœur.

GASTON.

Que vous êtes bonne, mademoiselle !

JULIE, souriant.

Vous croyez ?

GASTON.

Oh ! il y a longtemps que je le sais.

JULIE.

Vous savez que je ne prends ceci que pour un compliment....

GASTON.

Vous avez tort. *(Julie sort après avoir jeté un regard sur Gaston).*

SCÈNE VII.

HENRI, GUIBLAIN, DE LUSSAC, GASTON.

GUIBLAIN.

Comment ! Paris est aussi changé que cela ?

DE LUSSAC.

C'est une merveille, et je m'étonne que vous résistiez à l'envie de voir tout cela de vos yeux.

GUIBLAIN.

Que voulez-vous ? Je suis très sédentaire. J'ai mes occupations de chaque jour qui ne me permettent guère de penser à autre chose... et puis à mon âge... Henri, c'est différent, et je l'ai engagé plusieurs fois à y aller prendre un peu de distraction, mais il n'a pas l'air de s'en soucier plus que moi.

HENRI.

Pour le moment, non. Mais j'irai de grand cœur pour entendre la première belle cause de Gaston ou pour assister à la première représentation de son *Spartacus.*

GUIBLAIN.

Spartacus ! qu'est cela ?

GASTON.

Vous ne vous souvenez pas ! c'est le sujet de ma tragédie ; un sujet tiré de l'histoire romaine.

GUIBLAIN.

Spartacus ?... Attendez donc... je me rappelle avoir vu ce nom-là sous une des statues du jardin des Tuileries. Ce n'est pas de cette statue-là que vous voulez parler ?

GASTON.

Non. Je vous parle de ma tragédie.

DE LUSSAC, à part.

Ce qui est bien différent.

GASTON.

Est-ce qu'Henri ne vous en a pas parlé ?

HENRI, vivement.

Si, mais vaguement. *(Se retournant vers de Lussac).* Je vous en prie, monsieur, si vous avez quelque influence pour faire arriver Gaston, tâchez donc que ce soit le plus tôt possible.

(Lambert et Adèle paraissent au fond, précédés de Julie).

DE LUSSAC.

Vous pouvez y compter, et je vous réponds qu'avant deux mois la presse parisienne parlera de M. Gaston.

ADÈLE, battant des mains en signe de joie.

Oh ! tant mieux !

LAMBERT, sévèrement.

Ma fille !..

DE LUSSAC, à part, les yeux fixés sur Adèle.

Oh ! la ravissante figure !

SCÈNE VIII.

LES MÊMES, LAMBERT, ADÈLE, JULIE.

GASTON, allant à son père.

Vous avez entendu, mon père.

LAMBERT.

Oui, j'entends que tu as affaire à quelqu'un qui, sans doute, se joue de ta crédulité, comme tant d'autres s'en sont déjà joués.

GASTON, bas à son père, vivement.

Mon père, de grâce. *(A de Lussac, à part).* Ne faites pas attention. Mon père, qui m'attendait depuis longtemps, est furieux de mon retard.

DE LUSSAC, avec dignité, à Lambert.

Permettez, monsieur Lambert ; je ne sais ce qui peut vous avoir donné de moi une si triste opinion.

LAMBERT.

Eh ! mon Dieu ! monsieur, ce n'est pas une opinion, c'est un pressentiment, voilà tout. Ce n'est pas parce que vous serez mieux vêtu que les autres et que vous aurez un beau nom que vous m'inspirerez plus de confiance.

ADÈLE, bas, vivement.

Mon père !...

DE LUSSAC, saluant.

Il suffit, monsieur, ma dignité s'oppose à ce que j'en entende davantage. Permettez-moi de me retirer. *(Fausse sortie).*

GASTON, *cherchant à le retenir.*
Vicomte...

DE LUSSAC.

Je suis désolé de ce qui arrive, mon cher Gaston,
mais vous comprenez...

LAMBERT.

Quoi? que voulez-vous dire? que vous défendez
votre dignité? Eh! morbleu! moi je défends les intérêts
de Gaston et les miens, et je ne veux pas que votre dignité le mène à l'hôpital; car enfin où voulez-vous en
venir? que voulez-vous faire de Gaston? un poète,
c'est-à-dire un meurt de faim, ou un avocat sans cause,
ce qui revient au même.

DE LUSSAC.

Non, mais un auteur dramatique à qui ses pièces
rapporteront largement de quoi vivre et permettront à
l'avocat d'attendre la clientèle qui ne peut manquer de
venir tôt ou tard.

LAMBERT.

Tôt ou tard? Dites donc ce que vous pensez : jamais.
Franchement, est-ce que vous croyez au talent de mon
fils? Quant à moi, j'en doute très-fort. J'ai voulu voir
ce *Spartacus* dont il me parlait tant; j'ai dormi trois
fois dessus, autant qu'il y a d'actes, et je n'y ai rien
compris.

DE LUSSAC.

C'est que l'œuvre est essentiellement littéraire. *(Il va
s'asseoir nonchalamment sur le bras du fauteuil).*

LAMBERT.

C'est possible; mais elle n'est pas amusante, et moi,
quand je vais, ou plutôt quand j'allais au spectacle,
c'était pour rire et non pour dormir. — Me parlerez-
vous de son talent comme avocat? Mais, parbleu, je ne
vois pas qu'il s'exprime mieux que moi, et je l'ai vu
souvent rester court au milieu de la phrase la plus
simple. Enfin lui, fils de cultivateur, né dans un grand
domaine, ne connaît rien des choses essentielles de la
vie, au point qu'un jour je lui ai vu prendre du trèfle
pour de la luzerne.

DE LUSSAC.

Peste! voilà une erreur que vous ne commettriez pas,
vous, monsieur Lambert, car on m'a souvent parlé de
vous comme du plus habile cultivateur qu'il y eut à
vingt lieues à la ronde. *(Se tournant vers Guiblain).*
Après, on m'a cité M. Guiblain, qui mérite aussi...

GUIBLAIN.

Oh! moi, je n'ai pas de prétention. *(Se tournant vers
Julie)* : Julie, Adèle n'a pas encore vu la nouvelle ac-
quisition?...

ADÈLE.

Quoi donc?

JULIE.

Des œillets d'une espèce extrêmement rare. Oh! ma
serre est bien garnie maintenant.

LAMBERT.

Et cela vous rapporte... combien?..

GUIBLAIN.

Oh! toi, tu ne songes qu'à l'argent. Allons voir la
serre.

LAMBERT, *à de Lussac, qui va pour se lever.*

Bah! laissez-donc, pour un œillet! *(Les autres sortent à gauche).* Asseyons nous. *(Ils s'asseyent sur le
fauteuil).* Ah! on vous a parlé de moi... Hé bien oui,
monsieur, je me flatte d'avoir une des meilleures
fermes qui existent en France, ce qui n'empêche pas
que je n'ai encore pu obtenir dans les Comices que de
misérables mentions honorables. Mais vous savez comment cela se passe : c'est toujours la faveur qui l'emporte
et le vrai mérite est toujours mis de côté.

DE LUSSAC.

A qui le dites-vous? Est-ce que je ne vois pas cela
tous les jours, à Paris surtout, où la plus petite place, où
la moindre faveur est l'objet d'une lutte acharnée entre
des centaines de concurrents, où le talent sans protection, c'est-à-dire la statue sans piédestal, disparaîtra
dans la foule, qui finira par l'écraser? car tout est là.
Pour prendre place au soleil, il s'agit de s'élever, et
pour cela d'effacer ses voisins. Aussi, pour un qui at-
trape enfin un rayon de lumière, combien restent dans
l'ombre et s'étiolent. Quelques-uns continuent la lutte,
mais dans d'autres conditions; ils rabattent de leurs
prétentions premières, et tel qui pétitionnait une place
dans un bureau sera réduit, pour ne pas mourir de
faim, à se faire écrivain public. Tel auteur qui pensait
débuter aux Français, se voyant refuser obstinément la
porte, devra encore s'estimer très-heureux s'il peut, à
force de démarches et de sacrifices, obtenir un début
dans un ex-théâtre de marionnettes. Enfin un pauvre
diable qui, ayant besoin de repos, sollicitait un siége de
cocher de fiacre ou une loge de concierge, se verra
forcé, faute de mieux, d'accepter des crochets de com-
missionnaire. *(Il se lève; Lambert aussi).*

LAMBERT, *prenant le bras de de Lussac.*

C'est-à-dire, avouez-le, que vous engagez mon fils à
laisser de côté son *Spartacus* et...

DE LUSSAC.

Je ne dis pas cela.

LAMBERT.

En tous cas, qu'il s'arrange. Il n'a plus rien de ses
droits de mère et me doit en outre cinq mille francs, et
il est bien certain qu'il n'aura plus un sou de moi.

DE LUSSAC, *à part.*

Tiens! tiens! Gaston ne s'était pas vanté de cela. Ah!
nous sommes déjà à la traverse, — c'est bon à savoir.

LAMBERT.

Que pensez-vous de cela?

DE LUSSAC.

Je pense que cela n'enlève rien au mérite de M. Gaston et que j'espère bien qu'avant peu justice lui sera enfin rendue, et à vous aussi.

LAMBERT.

A moi ?

DE LUSSAC.

Oui. Laissez-moi faire, je connais intimement le président du Comice qui tiendra ici l'an prochain.

LAMBERT.

Quoi ! M. Boudeville... (*Apercevant les autres qui rentrent*). Parlons bas. Guiblain est très-jaloux et... Vous dites donc que M. Boudeville...

DE LUSSAC.

Était un intime ami de ma famille. Il n'a rien à me refuser.

LAMBERT.

Vraiment ! Mais alors vous pourriez... Attendez... (*A Guiblain*). Guiblain, je suppose que tu as invité monsieur à déjeûner ?

GUIBLAIN.

Mais cela va sans dire, et si monsieur est chasseur et qu'il lui plaise de rester quelques jours avec nos enfants...

LAMBERT.

J'en réclame la moitié.

DE LUSSAC.

Je vous remercie mille fois, messieurs, mais on m'attend à Paris. Pour le moment, je ne vous demanderai qu'une chose : je meurs de soif et avant de déjeûner je prendrais volontiers un peu de madère.

LAMBERT, *vivement, à Guiblain.*

Es-tu étourdi !

GUIBLAIN.

C'est vrai ! mille pardons, monsieur. (*A Julie*). Vite ce qu'on vient de demander, sur un plateau qu'on apportera là (*Il désigne la table champêtre à gauche*). et dis en même temps qu'on presse le déjeûner. (*Bas à Lambert*). Quel changement subit ! que t'a donc dit ce monsieur pour te rendre tout à coup si prévenant ?

LAMBERT, *s'éloignant de Gaston, bas.*

Rien ; il m'a l'air d'un honnête garçon, voilà tout.

DE LUSSAC, *qui s'est assis près de la table où l'on vient apporter le plateau.*

Allons ! ils ne sont pas forts ni les uns ni les autres. Ah ! Gaston est ruiné et le père ne veut rien faire pour lui ; et d'un autre côté, le père paraît au moins aussi ambitieux que le fils... Tant mieux, je ne perds pas au change ; mais le fils peut encore me servir, et c'est, je crois, le moment de réaliser le rêve de cette chère baronne, dont le château se trouve justement tout près d'ici, car une entrevue à Paris aurait trop de dangers et les mauvaises langues...Quelle idée ! si pour mieux leur jeter la poudre aux yeux à tous... et pour achever de me poser, je les invitais à la soirée que la baronne donne dans cinq jours à l'occasion de sa fête ? Je sais bien qu'il faudra que la baronne fasse plus grandement les choses, mais, ma foi ! le supplément de poisson que j'apporterai vaudra bien la peine qu'on double la sauce. (*Vidant son verre*). Seulement le père sera-t-il aussi souple que le fils ?... Un vieux pigeon est naturellement plus dur qu'un jeune. (*Examinant Lambert*). Étudions bien mon nouveau sujet.

LAMBERT, *venant s'asseoir à côté de de Lussac.*

Eh bien ! comment le trouvez-vous ?

DE LUSSAC, *le regardant plus attentivement.*

Mais jusqu'à présent je ne m'en plains pas... Pardon, vous n'auriez pas un panatellas à m'offrir ?

LAMBERT, *étonné.*

Un para... quoi ?

DE LUSSAC, *tâtant sa poche de côté.*

Attendez. Je crois en sentir un... Justement. (*Il tire de sa poche un cigare et une boîte d'allumettes chimiques*).

LAMBERT.

Tiens ! je croyais qu'on appelait cela un cigare. (*Arrêtant de Lussac, sur le point d'allumer son cigare*). Permettez. (*Se tournant vers Guiblain*). Guiblain, M. le vicomte va fumer, et tu sais que pour ces demoiselles et pour toi-même...

DE LUSSAC.

Mais je ne tiens pas tant que cela à fumer et je serais désolé...

GUIBLAIN.

Pas du tout ; nous allions faire un tour pour amasser de l'appétit. Du reste, nous ne nous éloignons pas... à tantôt.

ADÈLE, *à Guiblain, en s'en allant.*

Je ne comprends pas que vous craigniez à ce point l'odeur du tabac ; moi, je l'aime beaucoup.

DE LUSSAC, *regardant Adèle.*

Décidément, elle est adorable.

LAMBERT, *à de Lussac.*

Là, nous voilà seuls.

SCÈNE IX.

LAMBERT, DE LUSSAC.

DE LUSSAC.

Nous sommes seuls ? (*Allumant son cigare et regardant Lambert en dessous*). Allumons.

LAMBERT.

Ainsi, vous connaissez M. Boudeville, et par lui vous pourriez obtenir...

DE LUSSAC.

Tout ce qu'il vous plaira.

LAMBERT.

Oh ! quelques premiers prix seulement. Pas tous. Il

ne faudrait pas qu'on soupçonnât... Mais nous n'en sommes pas là, et en attendant j'aurais été heureux d'obtenir une autre distinction... Je me flatte d'avoir rendu de grands services à l'agriculture depuis trente ans; tout le monde vous le dira, et j'en suis encore à recevoir du gouvernement le moindre encouragement.

DE LUSSAC.

Je comprends. Un morceau de ruban rouge vous irait assez. Avez-vous fait faire des démarches?

LAMBERT, *baissant la voix.*

J'en ai fait moi-même en cachette, sans en rien dire à personne. J'ai écrit au ministre, on ne m'a pas répondu.

DE LUSSAC.

Maladroit! Comment voulez-vous que le ministre s'occupe de vous sur votre simple recommandation? Est-ce qu'il a le temps? est-ce qu'il vous connaît? S'il fallait qu'il répondît à toutes les demandes qui lui sont faites... Et encore la vôtre était raisonnable; mais il y en a de tellement étranges, de si absurdes... Tenez, je le voyais l'autre jour et il me disait...

LAMBERT, *l'interrompant.*

Le ministre? Vous connaissez le ministre?

DE LUSSAC, *négligemment.*

Certainement.

LAMBERT.

Et vous pourriez l'intéresser pour moi?

DE LUSSAC.

Parbleu!

LAMBERT.

Oh! mais c'est le ciel qui vous envoie. (*Il lui serre la main*).

DE LUSSAC, *à part.*

Il me fait de la peine. Frappons vite le grand coup ou le courage me manquera. (*Éteignant son cigare, qu'il dépose sur la table*). Tenez, j'ai fini de fumer, et si vous voulez, nous allons rejoindre... (*Il va pour se lever*). Oh! oh! il y a donc de la poix après vos chaises, ou si c'est la fatigue.

LAMBERT.

Qui vous empêche de rester?

DE LUSSAC.

C'est que j'ai hâte de remplir la mission pour laquelle je suis venu, et que je serais capable d'oublier. Tenez, je suis si étourdi, que je n'en ai pas même encore parlé à M. votre fils. Au fait, ces messieurs et ces demoiselles seront ici dans un instant; attendons-les.

LAMBERT.

De quoi donc s'agit-il? (*Pierre entre par le fond*).

PIERRE.

Pardon de vous déranger, monsieur Lambert; voilà un paysan qui sort de chez vous et qui voudrait vous parler.

LAMBERT.

Je n'ai pas le temps. — Plus tard.

PIERRE.

C'est l'homme à qui vous avez vendu vos brebis à la foire d'hier. Il vous apporte vos quinze cents francs.

LAMBERT, *se levant, à de Lussac.*

Attendez-moi une seconde.—Ah! surtout pas un mot à qui que ce soit de notre conversation de tout à l'heure.

DE LUSSAC.

C'est entendu.

SCÈNE X.

DE LUSSAC, *puis* PIERRE.

DE LUSSAC, *après un silence.*

Allons, voyons, qu'est-ce qui me tient là?.. encore des scrupules?..C'est absurde.—Pour un jeune homme dans la position de Gaston, mademoiselle Antonia n'est pas un si vilain parti, après tout. Il n'y a rien à dire contre elle, et elle aura un jour une jolie fortune. Quant au père, quand on lui écornerait un peu la sienne, beau malheur. Pourvu qu'il lui en reste assez pour marier sa fille, qui, du reste, est assez jolie pour se passer de dot, car elle est vraiment charmante, mademoiselle Lambert...

PIERRE, *qui a entendu les derniers mots.*

N'est-ce pas? et puis c'est gai, c'est vif... Dame, ce n'est pas comme mademoiselle, qui est toujours d'un sérieux, d'un triste... Si j'étais un jeune homme comme vous... (*Prenant le bout de cigare*). Vous ne finissez pas votre cigare? (*En l'allumant*), je ne voudrais pas d'autre femme que mademoiselle Adèle. (*De Lussac le regarde avec étonnement*). Est-ce que vous ne finissez pas votre flacon? Je suis sûr qu'il en reste encore un plein verre. (*Il vide le flacon dans le verre*). Juste! A votre santé! (*Il boit*).

DE LUSSAC, *à part.*

Parbleu!... il me suffit de voir ce domestique pour juger de la... bonté des maîtres. Si ce garçon-là était à moi, morbleu!...

PIERRE, *après avoir bu.*

Voilà! (*Il dépose le verre sur le plateau*). Toujours histoire de ne rien perdre, comme disait ce matin le père Mathieu.

DE LUSSAC, *relevant la tête.*

Mathieu?

PIERRE, *s'en allant avec son plateau.*

Oui. Vous ne pouvez pas connaître ça, vous, — c'est un meunier. (*Mouvement de de Lussac. Pierre remet son cigare à sa bouche, lance une bouffée et sort*).

DE LUSSAC, *seul, après un moment de réflexion.*

Bah! suis-je fou?... Les voici tous, à nos batteries! *Il se lève*).

SCÈNE XI.

DE LUSSAC, LAMBERT, ADÈLE, JULIE, GUIBLAIN, HENRI, GASTON.

GUIBLAIN, *à Lambert.*

Ah ! ça, où diable as-tu vu qu'il allait pleuvoir ?

LAMBERT, *regardant de Lussac avec curiosité.*

Je le croyais. Et puis, n'est-ce pas bientôt l'heure du déjeûner ? (*Guiblain dit quelques mots à l'oreille de Julie, qui sort*).

DE LUSSAC.

Monsieur Lambert, monsieur Guiblain, permettez-moi, en reconnaissance de votre gracieux accueil, de vous convier à mon tour à une fête qui aura lieu prochainement dans un château situé aux environs et où l'on désire vivement vous avoir.

LAMBERT.

Un château aux environs ?... Je ne connais que celui qu'on aperçoit de la route, à deux lieues d'ici, caché en partie par des massifs de charmilles. On l'appelle, je crois, le château noir....

DE LUSSAC.

Et il est bien nommé, car les murs auraient grand besoin d'être reblanchis. Mais on l'habite si rarement....

LAMBERT.

C'est ce que j'allais vous dire. La barrière de l'avenue est constamment fermée. Ce château est à vous ? (*En ce moment Julie revient. Adèle va à elle*).

DE LUSSAC.

Non.—Il appartient à une riche veuve, la baronne de Précy, une parisienne très-répandue dans le monde et qui donne souvent de brillantes soirées. Elle va très-rarement à sa campagne, et je ne sais quelle idée lui a pris, à l'occasion de sa fête, de donner sa soirée dans son château, à moins que ce ne soit pour vous éviter la peine d'aller jusqu'à Paris, car, je le répète, elle tient beaucoup à faire votre connaissance, et m'a chargé de bien insister auprès de vous. C'est mardi prochain que cette fête aura lieu.

GUIBLAIN.

Est-ce qu'il y aura beaucoup de monde ?

DE LUSSAC.

Oh ! mon Dieu, non. Quelques intimes seulement et assez de jeunes gens et de demoiselles pour organiser un bal. Du reste, on s'en ira quand on voudra et sans que personne s'en aperçoive. Il y a à la suite des salons un jardin qui conduit à une station de la gare de l'Ouest. Presque à toutes les demi-heures passe un train ; c'est très-commode.

GUIBLAIN.

C'est un avantage dont nous ne saurions profiter, car le chemin de fer ne passe pas par ici.

DE LUSSAC.

C'est juste, j'oubliais... je me crois toujours à Paris ; mais deux lieues en voiture, qu'est-ce que cela ?

LAMBERT.

Surtout quand la voiture est, comme les deux nôtres, attelée de deux excellents chevaux. (*Guiblain hausse les épaules*).

DE LUSSAC.

Peste !... Bien qu'à la campagne, je vois que vous ne vous privez de rien. Ainsi, Mme la baronne peut compter....

HENRI.

Et qui a donc parlé de nous à cette dame, car je ne me souviens pas que nous l'ayons jamais rencontrée nulle part.

DE LUSSAC.

Je ne sais pas. —Moi, je ne lui avais parlé que de Gaston, que je devais lui présenter prochainement. D'autres lui auront appris le charmant personnel dont se composent vos deux maisons, et comme la baronne tient avant tout à la bonne compagnie, elle m'a prié d'être son intermédiaire auprès de vous. Vous verrez : Mme de Précy est fort aimable et sa fille, qu'elle a parfaitement élevée, est très-bien aussi.

GUIBLAIN.

Vous voudrez bien, monsieur de Lussac, remercier cette dame d'avoir bien voulu songer à nous, mais je ne sais si nous devons... Qu'en dis-tu, Lambert ?

LAMBERT.

Dame, c'est l'affaire de ces demoiselles, c'est à elles de décider.

JULIE.

Je ferai ce que les autres voudront, mais il me semble que ne connaissant pas madame (*cherchant le nom*) de Précy, je crois... ne lui ayant jamais fait visite...

ADÈLE.

D'ici mardi, n'avons-nous pas le temps ?

DE LUSSAC.

Oh ! inutile. Elle va être si occupée tous ces jours-ci, qu'à Paris ni au Château-Noir elle ne pourra recevoir personne. Mais qu'importe, puisqu'elle vous invite, c'est que...

ADÈLE.

Mais oui ; sans doute. Mon Dieu ! que tu es contrariante ! tu te mets toujours au travers des sujets de distraction qui nous arrivent. Mais cette fois, tant pis, nous ne manquerons pas une si belle occasion de nous amuser, n'est-ce pas, monsieur Guiblain ? n'est-ce pas, monsieur Henri ? (*A Henri*) Oh ! comme vous paraissez triste !... Est-ce aussi l'idée d'aller à ce bal ?

HENRI, *bas.*

Vous savez bien que non, Adèle; vous savez bien pourquoi je souffre.

ADÈLE.

Mon Dieu! que vous êtes entêté! Oubliez-moi; il y en a bien d'autres. Tenez, épousez la fille de la baronne, qu'on dit si bien.

HENRI.

Ah! vous êtes cruelle.

ADÈLE.

Et vous êtes un enfant. Je vous l'ai déjà dit et je vous le répète, je ne me marierai jamais... (*A part*) à un agriculteur.

DE LUSSAC, *qui observe Adèle.*

Elle paraît assez décidée, mademoiselle Lambert... une qualité de plus.

HENRI, *à part.*

Je voudrais bien savoir ce qu'a M. de Lussac à observer ainsi Adèle. Du reste, je ne sais pas pourquoi, mais il me déplaît singulièrement, ce petit monsieur.

PIERRE, *au fond, une serviette à la main.*

Le déjeuner est servi. (*Henri et de Lussac se présentent en même temps devant Adèle*).

DE LUSSAC.

Mademoiselle, oserai-je...

ADÈLE, *feignant de ne point voir Henri.*

Volontiers, monsieur. (*Henri serre les poings de rage. Lambert court à de Lussac*).

LAMBERT, *à voix basse.*

Mille pardons, monsieur de Lussac, j'aurais encore deux mots à vous dire. (*Haut*). Adèle, prends donc le bras de M. Henri.

HENRI.

Allons, mademoiselle, résignez-vous.

ADÈLE, *prenant son bras.*

Vous êtes ridicule.

HENRI.

Merci. (*Ils sortent. Gaston vient prendre le bras de Julie*).

GASTON, *à Julie.*

Décidément, ce bal ne vous sourit pas. En tout cas, n'oubliez point que je vous retiens pour le premier quadrille.

JULIE, *avec émotion.*

Je vous remercie, monsieur Gaston. (*Ils sortent*).

GUIBLAIN, *regardant Lambert et de Lussac.*

Je ne suis pas curieux, mais je voudrais bien savoir... (*Il disparaît derrière la charmille*).

SCÈNE XII.

LAMBERT, DE LUSSAC.

DE LUSSAC.

Qu'avez-vous à me dire?

LAMBERT.

Je voulais vous demander si vous pourriez me rendre un dernier service?

DE LUSSAC, *à part.*

Encore! (*Haut*). Allez.

LAMBERT.

Je ne paie pas tout à fait mille francs d'impôts, mais il s'en faut de peu de chose, et je comblerai le vide quand il me plaira... de sorte que...

DE LUSSAC.

Vous pourriez ou du moins vous voudriez être nommé député aux prochaines élections?

LAMBERT, *timidement.*

Si la chose... était en votre pouvoir...

DE LUSSAC.

Hé bien! je ne dis pas non, je verrai; mais diable, il faudra se remuer, faire des sacrifices.

LAMBERT.

Aucun sacrifice ne me coûtera.

DE LUSSAC, *à part.*

Je l'espère bien.

LAMBERT.

Je sais d'avance que je ne manquerai pas de concurrents redoutables, ayant tous un titre ou une marque de distinction quelconque, et si je veux lutter avec chance de succès, il est urgent que j'obtienne ce dont nous parlions tout-à-l'heure... vous comprenez...

DE LUSSAC.

Parfaitement; nous presserons la chose le plus que nous pourrons. — Montons-nous?...

LAMBERT.

Quand pensez-vous que je puisse être nommé?..

DE LUSSAC.

Mon Dieu!... je ne peux pas vous dire... je...

LAMBERT.

Puisque vous connaissez le ministre, partons demain, ce soir même si vous voulez, et présentez-moi à lui.

DE LUSSAC, *vivement.*

Non... d'abord, le ministre est absent.

LAMBERT.

Nous attendrons son retour.

DE LUSSAC, *à part,*

Quel enragé!... (*Frappé d'une idée*). Oh! bravo!... (*Haut*). Inutile, il ne reviendra que dans cinq jours, précisément pour la soirée de la baronne. C'est là que je vous présenterai à lui.

LAMBERT.

Vraiment? — attendons à mardi.

DE LUSSAC.

Il y aura aussi un de nos écrivains éminents aaquel je présenterai votre fils... Venez-vous?

LAMBERT, *le retenant par le bras.*

Un dernier mot. Vous êtes sûr que le ministre sera à cette soirée?

DE LUSSAC, *cherchant à se dégager.*

Très-sûr.

LAMBERT.

Si vous lui écriviez un mot pour lui dire de ne pas y manquer.

DE LUSSAC, *avec ironie.*

Tout de suite?

LAMBERT.

Non, après déjeûner.

DE LUSSAC.

Bien. Est-ce tout?

LAMBERT.

Oui. D'ailleurs nous nous reverrons avant votre départ. (*Frappé d'une idée*). Ah! surtout....

DE LUSSAC, *à part*

Encore!

LAMBERT.

Pas un mot de notre conversation, c'est-à-dire de deux ou trois demandes que je vous ai faites, à personne, ici ni ailleurs, je vous en conjure!

DE LUSSAC.

C'est convenu. Est-ce fini?

LAMBERT.

Oui. Je me sauve, pour qu'on ne croie pas que nous sommes restés ensemble.

DE LUSSAC, *seul.*

Ah! ça... mais c'est une glu que cet homme-là!... N'allons pas nous empêtrer. — La guerre est déclarée, tenons-nous bien.

PIERRE, *arrivant du fond, une serviette à la main.*

Dites-donc, monsieur; vous savez qu'on vous attend. (*De Lussac sort. Pierre s'évente avec la serviette*). Il y a des gens sans gêne, ma parole d'honneur!...

FIN DU PREMIER ACTE.

ACTE II

CHASSE AUX FLAMBEAUX.

SALON CHEZ LA BARONNE.

Au fond deux grandes ouvertures garnies de portières donnant sur d'autres salons. — Au deuxième plan, portes à gauche et à droite. A gauche, perpendiculairement à la rampe, deux tables d'écarté dont les chaises sont disposées de manière qu'à chaque table un des deux joueurs tourne le dos au mur ; fauteuil adossé au mur entre les deux tables ; deux fauteuils sur le devant. — A droite, au premier plan, une cheminée sans feu ; devant la cheminée, un guéridon sur lequel journaux et brochures. — Sur le devant, parallèlement à la rampe, un canapé.

SCÈNE I.

ANTONIA, LA BARONNE, DE LUSSAC, *entrant par la porte de droite.*

DE LUSSAC.

Ainsi, même à présent, que tous vos apprêts sont finis, vous en êtes à regretter...

LA BARONNE *.

Je regrette qu'au lieu d'une simple soirée que je voulais donner, soirée d'intimes, où l'on aurait pris tranquillement le thé dans ce salon en jouant, les messieurs au wisth, les dames au trente-et-un, vous me forciez de donner un bal, c'est-à-dire d'avoir deux fois plus de monde que je n'en voulais (*Baissant la voix.*), et cela quand je ne sais, ou plutôt quand je sais trop quel monde je pourrai avoir...

DE LUSSAC.

Cependant, baronne, réfléchissez donc...

LA BARONNE.

Allons, puisque vous le voulez absolument, vous avez bien fait.

ANTONIA.

Mais certainement qu'il a bien fait. — Moi, d'abord, il y a un siècle que je n'ai dansé.

* Antonia, la Baronne, de Lussac.

LA BARONNE.

Antonia, je ne te demande pas ton avis. (*Regardant à ses mains*). Je croyais que tu t'étais fait un bouquet ?

ANTONIA.

Oui ; mais tout à l'heure Caroline, qui n'en avait pas, l'a trouvé si joli, a paru si désireuse de l'avoir, que je le lui ai donné.

LA BARONNE.

De sorte que tu n'en as plus.

ANTONIA.

Oh ! j'en aurai bientôt fait un autre.

LA BARONNE.

Dépêche-toi, notre monde ne peut tarder d'arriver.

ANTONIA, *l'embrassant.*

Oui, bonne maman. Mon Dieu, que je suis contente ! (*Elle s'en va en courant*).

SCÈNE II.

LA BARONNE, DE LUSSAC.

DE LUSSAC.

Cette enfant a tout votre bon cœur, baronne.

LA BARONNE.

C'est cela ; faites-moi des compliments pour me faire oublier mes griefs.

DE LUSSAC.

Vraiment, baronne, vous m'affligez! Moi qui m'attendais à des remerciements...

LA BARONNE.

Mon Dieu! sans doute, je vous remercie de l'intention; mais outre que je compte peu sur le succès de votre entreprise, il me semble que vous auriez pu faire les choses plus simplement, m'amener par exemple le jeune homme avec son père à Paris...

DE LUSSAC.

Très-bien. Pour qu'un de vos bons amis, c'est-à-dire un de ceux que vous avez peu à peu éliminés de vos soirées, vienne à leur dire...

LA BARONNE.

Y songez-vous? Est-ce que vos campagnards peuvent connaître ces gens-là?

DE LUSSAC.

Vous avez raison, ce n'est pas probable; pas même Gaston, que j'ai toujours différé de vous présenter, craignant qu'il ne fît chez vous quelque connaissance dangereuse.

LA BARONNE.

Dangereuse pour vous; un de vos *bons amis* aurait pu vous l'enlever.

DE LUSSAC.

Ou du moins m'en prendre une partie... il y a des gens si indiscrets...

LA BARONNE, *avec inspiration.*

Et vous voulez me le donner maintenant?— Alors il est ruiné? (*Elle va s'asseoir sur le fauteuil le plus à gauche.*)

DE LUSSAC, *allant s'asseoir sur l'autre fauteuil.*

Pour le moment, oui ; mais qu'est-ce que cela vous fait? Ce que vous voulez, c'est un parti sortable pour votre fille, et vous ne tenez pas à la fortune. Et puis Gaston est loin d'être ruiné; il aura sa part dans la succession de son père, qui, autant que je puis croire, sera considérable. J'ai tâché de faire parler les domestiques; on n'évalue pas la fortune personnelle de M. Lambert à moins de cent mille écus, ce qui fait pour Gaston cent cinquante mille francs environ.

LA BARONNE.

Sur lesquels il vous faudra à l'avance?

DE LUSSAC.

Nous nous arrangerons.

LA BARONNE.

Du reste, quand vous dites qu'il lui reviendra tant, ne m'avez-vous pas dit que le père était au moins aussi ambitieux que le fils? N'est-ce pas une nouvelle mine que vous allez exploiter? Prenez garde. Je n'entends pas que sous prétexte de me servir... Ce n'est pas pour l'intérêt, mais vous savez que je suis très-susceptible et...

DE LUSSAC.

Mon Dieu, baronne, avez-vous jamais eu à vous plaindre de moi?

LA BARONNE.

Non. Mais il y a commencement à tout, et d'abord ce bal que vous me faites organiser sans savoir où et comment je pourrai me procurer les éléments nécessaires. Tout ce dérangement, tout ce tracas que vous m'occasionnez depuis cinq jours...

DE LUSSAC.

C'est pour votre bien. Dans votre position, il est bon de temps en temps de jeter de la poudre aux yeux de son monde.

LA BARONNE.

Mais cette poudre revient très-cher, et mon peu de revenu...

DE LUSSAC.

Oh! votre peu de revenu, je voudrais l'avoir... je m'en contenterais, mais... vous voulez de la considération, vous voulez vous bien poser, trouver pour votre fille un homme du monde, tout cela se paie... Ah çà! où avez-vous pris vos danseuses?

LA BARONNE.

Ne m'en parlez pas. Pour me procurer neuf jeunes filles, je me suis donné plus de mal... J'ai d'abord trois anciennes amies de pension d'Antonia qui ne savaient plus ce qu'elle était devenue. Je suis allée trouver leurs mères, toutes femmes ou veuves de petits commerçants, qui ont été très-flattées de l'honneur que je leur faisais. — Elles sont là qui donnent la dernière main à la toilette de leurs filles. — Il y a ensuite la maîtresse de piano qui est venue avec son frère et deux cousins. — Ils doivent être dans le jardin à se promener. — Enfin j'ai prié Antonia d'inviter la fille de ma modiste, qui se trouvait précisément avoir chez elle des parents de la province.

SCÈNE III.

LES MÊMES, ANTONIA.

ANTONIA, *un gros bouquet à la main.*

Tiens, maman; vois donc quel beau bouquet j'ai fait.

LA BARONNE, *sans le regarder.*

Ah ! ça, mon Antonia, rappelle-toi bien ce que je t'ai dit sur la réserve que tu dois apporter ce soir dans tes paroles. Si l'on t'interroge sur le compte de tes amies...

ANTONIA.

Il est convenu que ce sont toutes des jeunes filles de banquiers, d'agents de change ou de notaires.

N'aie donc pas peur, je suis plus fine qu'on ne croit. Est-ce que je ne sais pas que plusieurs personnes te contestent ton titre de baronne, et à M. de Lussac...

LA BARONNE.

Hé bien, mademoiselle, de quoi vous mêlez-vous? Et quelles sont ces personnes-là , s'il vous plaît?... — ou plutôt non, ne me le dites pas; je suis très-susceptible, et si une fois... Allez-vous en !...

ANTONIA.

Pardonne-moi, bonne maman ; je ne pensais pas te mettre en colère. (*Elle l'embrasse. Lui montrant son bouquet.*) Veux-tu que je t'en fasse un pareil ?

LA BARONNE.

Non, merci. (*Antonia sort en respirant son bouquet*).

SCÈNE IV.

LA BARONNE, DE LUSSAC.

DE LUSSAC.

Bref; nous disons neuf, c'est-à-dire en tout douze danseuses — et autant de danseurs, probablement.

LA BARONNE.

Plus même, car j'ai prévu le cas où quelques jeunes gens se laisseraient entraîner à jouer.

DE LUSSAC.

Ah ! à propos ; qui avez-vous invité pour l'écarté et le lansquenet ?

LA BARONNE.

Mes joueurs ordinaires.

DE LUSSAC.

Vos joueurs ordinaires... Vous savez qu'il y en a deux au moins qui sont fortement soupçonnés....

LA BARONNE.

On n'a pas de preuves. — Vous êtes tous des méchants qui vous défiez les uns des autres. — Rappelez-vous le jour où vous avez tant gagné... où vous avez passé onze fois à l'écarté.

DE LUSSAC.

C'est le seul jour où j'aie gagné à ce jeu-là.

LA BARONNE.

Et c'est la seule fois que je vous y aie vu jouer. Depuis, vous avez adopté le lansquenet, que vous jouez même, dit-on, très-modérément, laissant faire aux autres tous les gros coups. Du reste, il paraît que cela vous réussit assez.

DE LUSSAC, *à part.*

Parbleu ! (*Haut en se levant*). Est-ce que MM. de Saint-Maurice et de Mauléon ne sont pas encore arrivés ?

LA BARONNE, *se levant.*

Qui appelez-vous ainsi?... ces messieurs que vous m'avez demandé la permission d'inviter?— Je ne sais pas... Attendez... j'ai vu tout-à-l'heure dans le jardin, à la lueur des lanternes, deux jeunes gens se promener silencieusement en fumant leurs cigares. Ce sont eux, sans doute... Qui est-ce donc ?

DE LUSSAC.

Oh ! ce sont de grands personnages.

LA BARONNE.

Bah !

DE LUSSAC.

L'un est membre du comité de lecture d'un grand théâtre, l'autre le neveu d'un ministre.

LA BARONNE.

Vous dites ?

DE LUSSAC.

Pour ce soir seulement.

LA BARONNE.

Ah! très-bien... Pouah ! quelle odeur !... *Elle se retourne et se trouve en présence de de Mauléon et de Saint-Maurice*).

DE SAINT-MAURICE.

Oh ! madame la baronne !... que d'excuses... nous venons de fumer, et comme des étourdis que nous sommes... (*La baronne tousse*).

DE LUSSAC, *bas à de Mauléon, en l'examinant des pieds à la tête.*

Je vois que tu as reçu mon petit mot et mon paquet. C'est bien.

DE MAULÉON.

Dis-donc, est-ce que c'est là la baronne? (*De Lussac fait un signe affirmatif*).

LA BARONNE, *à de Saint-Maurice.*

Bah ! ce n'est rien, c'est que j'ai la gorge très-susceptible.

DE MAULÉON, *s'approchant très-près de la baronne.*

Madame, j'ai bien l'honneur... (*La baronne tousse.*)

DE LUSSAC, *tirant de Mauléon par son habit.*

Pas si près, donc !

LA BARONNE, *saluant.*

Monsieur... (*Continuant.*) Mais justement j'ai à sortir, je vais voir si nos danseuses sont prêtes. Messieurs, je ne vous dis pas adieu. (*Elle salue.*)

DE MAULÉON, *lui offrant le bras.*

Si vous vouliez accepter mon bras?..(*La baronne, qui ne s'est pas aperçue du mouvement, se retourne en toussant violemment et sort.*) Eh bien! est-ce qu'elle est sourde? (*Il va prendre sur le guéridon une brochure qu'il parcourt.*)

SCÈNE V.

DE LUSSAC, DE MAULÉON, DE SAINT-MAURICE, puis LEROI, JOLY *et autres joueurs.*

DE SAINT-MAURICE, *prenant de Lussac à part* [*].

Dis donc, est-ce que ton ami est sourd?

[*] De Lussac, de Saint-Maurice, — de Mauléon.

DE LUSSAC.

Non. Pourquoi ?

DE SAINT-MAURICE.

Je lui ai adressé plusieurs questions auxquelles il n'a pas répondu.

DE LUSSAC.

C'est qu'il était distrait. (*A part.*) Il étudiait son rôle. (*Haut.*) Ah çà! n'oublie pas que je compte sur toi ce soir.

DE SAINT-MAURICE.

Sois tranquille. (*Regardant de Mauléon.*) Drôle d'individu. (*Ils remontent en causant et disparaissent un moment. Cependant le salon se garnit de quelques hommes, dont deux s'approchent de la table d'écarté.*)

JOLY, *à Leroi.*

En attendant le bal, serait-il agréable à monsieur de faire une partie d'écarté ?

LEROI.

Volontiers, monsieur; combien l'enjeu ?

JOLY.

Oh ! mon Dieu, ce que vous voudrez, un ou deux louis.

LEROI.

Va pour deux louis. (*A part.*) Si je pouvais donc passer seulement cinq fois! J'ai un tailleur qui me talonne rudement.

JOLY, *à part.*

Si je pouvais donc gagner seulement cent écus, juste le mémoire de mon bottier! (*Ils s'asseyent en face l'un de l'autre et se disposent à couper; en s'asseyant, ils disent au groupe qui entoure la table : Messieurs, si vous voulez parier.*)

PLUSIEURS VOIX.

Volontiers. (*Plusieurs joueurs entourent la table.*)

JOLY, *après une pause.*

Le jeu est fait. (*Les deux joueurs coupent.*) A vous! (*L'autre table d'écarté s'organise.*)

SCÈNE VI.

LES MÊMES, DE SAINT-MAURICE, *qui va se mêler au groupe de joueurs*, et DE LUSSAC, *qui va prendre de Mauléon et l'amène sur le devant de la scène, puis* GODARD.

DE LUSSAC, *serrant la main de de Mauléon.*

Ça va bien, depuis huit jours au moins que nous ne nous sommes vus?

DE MAULÉON, *prenant à part de Lussac et lui montrant de Saint-Maurice, qui rentre.*

Dis-moi donc, est-ce que ton ami est muet?

DE LUSSAC, *après avoir regardé de Saint-Maurice.*

De Saint-Maurice? — Non. Pourquoi?

DE MAULÉON.

Je te demande cela, parce que nous avons fait plu-sieurs tours de jardin ensemble et qu'il est encore à m'adresser la parole.

DE LUSSAC.

Si, il t'a parlé; mais tu étais préoccupé (*Il passe la main devant son front.*) et tu n'y as pas fait attention.

DE MAULÉON, *passant à son tour sa main devant son front.*

En effet, je lui crois le cerveau un peu dérangé.

DE LUSSAC.

Ah çà! n'oublie pas ton rôle pour ce soir.

DE MAULÉON.

Ainsi, c'est ce soir que j'arrose d'eau bénite, — en échange d'un autre arrosage (*il fait le geste de compter de l'argent*), — ce brave provincial qui réclame la croix pour ses services à l'armée?

DE LUSSAC.

Non, pas à l'armée. Je te dis dans ma lettre... L'as-tu sur toi? Relis-la donc.

DE MAULÉON.

Bien, bien, sois tranquille.

DE LUSSAC.

Diable! pas de quiproquo. (*L'examinant.*) Dis donc, sais-tu que mon costume te va à merveille? — Prends garde de le salir.

DE MAULÉON.

Tu regardes mon costume... il m'est un peu grand.

DE LUSSAC.

Mais non, je t'assure. (*Il tire de sa poche une paire de gants qu'il déchire en essayant de les mettre.*) Allons, bon; ces choses-là n'arrivent qu'à moi. Il faut qu'une de ces demoiselles se dévoue à me recoudre cela. Bah! Ce sont pour la plupart des ouvrières, c'est leur affaire. (*Il sort. De Mauléon va pour sortir aussi et se rencontre face à face avec Godard.*)

DE MAULÉON, *à part.*

Ah ! bigre !

GODARD, *stupéfait.*

Ah bah ! c'est vous?

DE MAULÉON, *vivement.*

Chut! n'ayez pas l'air de me reconnaître.

GODARD, *à part.*

Un ouvrier tapissier, fils d'un commis de l'octroi. Et moi qui m'étonnais d'être invité ! (*Il croise les bras en signe d'étonnement*).

DE MAULÉON.

Vous vous étonnez de me voir là? (*A part.*) Que lui dire?

GODARD.

Ma foi, mon pauvre Jacques, je vous avoue...

DE MAULÉON, *l'interrompant comme un homme qui est sourd.*

Mon Dieu, je vais vous expliquer; c'est bien simple. La baronne m'a employé toute la journée. Ce soir, un monsieur doit venir, qui a, dit-elle, à me parler pour

des meubles qu'il veut faire regarnir, et comme il
paraît qu'elle n'attend pas beaucoup de monde ce soir,
comme elle craint que ses salons ne soient pas suffisamment garnis, M. de Lussac, non, je veux dire la baronne a imaginé de me prêter un costume qui me per-
mit de rester ici...

GODARD.

Comme comparse... Je vous fais...

DE MAULÉON.

Il est très-bien, comme vous voyez ; seulement M. de
Luss... (*Se reprenant*) non, madame la baronne a lé-
siné : elle a prétendu que je n'avais pas besoin de
chapeau.

GODARD, *à lui-même.*

Il y a du de Lussac là dedans, je m'en doutais, et cela
me confirme dans mes soupçons.

DE MAULÉON.

Au reste, dès que ce monsieur m'aura parlé, je m'en
irai.

GODARD, *avec un geste menaçant.*

Et faites bien attention que j'aurai l'œil sur...

DE MAULÉON.

C'est un mensonge qu'on vous a fait.

GODARD.

Hein ? — Dieu me pardonne, il est toujours sourd.
(*Élevant la voix.*) Comment va donc la santé ? Est-ce
que cette surdité qui vous a pris avant-hier dure encore ?

DE MAULÉON.

Oh ! non, merci. — Vous savez bien que je ne joue
jamais.

GODARD.

Ah ! très-bien, je suis fixé.

DE MAULÉON.

Puisque je vous l'assure... Mais que je ne vous dérange pas plus longtemps. (*Il sort.*)

GODARD.

S'il est réellement sourd, il ne peut pas être bien
dangereux, à moins que ce ne soit une comédie concer-
tée entre lui et ce soi-disant vicomte que je ne puis pas
voir en face. J'y veillerai. (*Prenant un journal sur le
guéridon.*) Tiens, la Bourse a encore monté. (*Il reste un
instant et sort. Cependant plusieurs nouveaux invités
sont entrés et se sont rangés autour des tables d'écarté.
Arrivent du fond Lambert donnant le bras à Adèle,
Guiblain donnant le bras à Julie, Henri et Gaston, tous
six accompagnés par la baronne et sa fille.*)

SCÈNE VII.

JOUEURS *à gauche,* LAMBERT, GASTON, GUIBLAIN,
HENRI, ADÈLE, JULIE, LA BARONNE, ANTONIA.

LA BARONNE.

Si je vous amène jusqu'ici, c'est uniquement pour
que vous ayez vu tout l'appartement ; comme vous voyez, c'est très-simple.

GUIBLAIN.

Comment donc ! Mais c'est grandiose, au contraire.

LA BARONNE.

On ne dansera ici qu'autant qu'il ferait trop chaud
dans les autres pièces.

GUIBLAIN, *au fond.*

Votre jardin produit d'ici un effet féérique.

LAMBERT, *lorgnant autour de lui.*

Ah ! ça, mais je ne vois pas...

LA BARONNE.

Vous avez des propriétés magnifiques, messieurs, à
ce qu'on m'a dit....

LAMBERT.

Oh ! — la mienne, du moins, est plutôt ce qu'on
appelle une terre qu'un lieu d'agrément ; cependant si
le hasard vous dirigeait de ce côté, je serais bien heureux, madame la baronne...

LA BARONNE.

Et moi, monsieur, très-honorée...

LAMBERT, *avec extase, à part.*

Très-honorée !... (*On entend une ritournelle*).

ANTONIA.

Ah ! voilà le signal du premier quadrille !...

LAMBERT, *à la baronne.*

Depuis longtemps je ne danse plus, madame la baronne, sans quoi...

LA BARONNE, *souriant.*

Moi non plus, monsieur Lambert.

LAMBERT.

Ah ! (*Vivement à l'oreille de Gaston*). Dépêche-toi
d'inviter sa fille.

GASTON, *à son père.*

Bien. (*À Antonia*). Mademoiselle...

JULIE, *à part, avec étonnement et douleur.*

Il ne se souvient donc plus ?...

ANTONIA.

Ah ! monsieur, c'est bien aimable à vous ; mais je
vous préviens que je ne suis pas une danseuse très-
habile. Je vais si peu dans le monde... (*Ils disparaissent
dans le salon du fond. La baronne les suit des yeux d'un
air de satisfaction*).

JULIE, *à part, avec tristesse.*

Est-ce bien même un oubli ?

HENRI, *qui observait la tristesse de Julie, va à elle
et lui dit avec enjouement.*

Si la baronne avait deux filles, je serais forcé d'inviter l'autre ; c'est la règle. Comme elle n'en a qu'une,
je vais profiter de ma liberté, chère sœur. Veux-tu ouvrir le bal avec moi ?

JULIE, *après l'avoir regardé avec attendrissement.*

Que tu es bon, mon frère !

HENRI, *en l'emmenant.*

Tu veux dire que je suis heureux...

JULIE, *secouant tristement la tête.*

Non, pas plus que moi... (*Se retournant*). Est-ce que tu ne viens pas, Adèle ?

ADÈLE.

Si, puisque personne ne vient m'inviter.

JULIE.

On ne sait pas que tu es là. (*De Lussac arrive du fond et va vivement à Adèle*).

DE LUSSAC.

Ah ! mademoiselle, je vous cherchais partout. Voudriez-vous me faire l'honneur....

ADÈLE.

Bien volontiers, monsieur. (*Mouvement d'Henri*).

DE LUSSAC.

Si monsieur Henri et sa sœur voulaient nous faire vis-à-vis ?

ADÈLE, *vivement.*

Mais certainement qu'ils le veulent. Venez vite, car on commence. (*Quittant le bras de de Lussac*). Attendez, voilà mes cheveux qui vont tomber par derrière. (*Elle consolide le peigne*). Là, le mal est réparé. (*Elle reprend le bras de son cavalier*).

JULIE, *la regardant s'éloigner.*

Folle ! (*A son frère*). Frère, ta main est brûlante, tu souffres.

HENRI.

Moi ? Non... c'est la chaleur. Allons, viens, et n'oublions pas que nous sommes au bal. (*Ils sortent par le fond.*)

———

SCÈNE VIII.

LES JOUEURS, GUIBLAIN, *se promenant d'une table à l'autre et s'arrêtant à la table du premier plan.*

GUIBLAIN.

Ah çà ! mais on joue un jeu d'enfer ici. Comme tous ces gens-là doivent être riches !

1er JOUEUR, *tournant le dos au mur.*

Le jeu est-il fait ?

2e JOUEUR.

Non. Il manque quarante francs de ce côté. Monsieur, qui n'a pas encore mis, voudrait-il risquer cette somme ?

GUIBLAIN.

Quarante francs ? (*Il les tire de sa poche. Naïvement.*) Quand on n'a pas mis encore, est-ce qu'on est obligé...

2e JOUEUR, *qui a pris les quarante francs des mains de Guiblain et les a déposés sur la table.*

Le jeu est fait.

———

SCÈNE IX.

LES MÊMES, LAMBERT, DE LUSSAC.

LAMBERT, *tenant le bras de de Lussac.*

Venez là, il fait moins chaud.

DE LUSSAC.

Quel homme impatient vous faites ! Vous ne pouviez pas attendre la fin du quadrille ?

LAMBERT.

Bah ! vous dansiez avec ma fille ; je ne me gêne pas avec elle.

DE LUSSAC.

Ni avec moi, il paraît.

LAMBERT.

Je vous ai amené un remplaçant. Vous aviez chaud et vous aviez besoin de vous rafraîchir. (*Deux garçons entrent avec des plateaux.*) Justement.

DE LUSSAC, *prenant un verre.*

Vous êtes trop bon.

LAMBERT, *prenant aussi un verre que l'autre domestique vient chercher avec celui de de Lussac.*

Eh bien ! le ministre n'est donc pas là ? Personne encore n'a pu me le montrer.

DE LUSSAC.

Il n'y est pas, en effet ; il est indisposé.

LAMBERT.

Comment diable !...

DE LUSSAC.

Que voulez-vous ? il ne l'a pas fait exprès, je suppose ; la preuve, c'est qu'à sa place il a envoyé son neveu, auquel je vous présenterai après le quadrille. (*Il va pour se retirer ; Lambert le retient.*)

LAMBERT.

Où est-il, ce neveu ? Il n'y a pas tant de monde. Regardez... vous l'aurez bientôt trouvé.

DE LUSSAC, *cherchant des yeux.*

Bientôt !... bientôt !

2e JOUEUR, *se levant après avoir perdu, à Guiblain.*

Ça n'a pas été long ; si monsieur veut prendre la place...

GUIBLAIN.

Est-ce que c'est mon tour ? (*A part.*) Ma foi, risquons encore quarante francs. Par exemple, je m'en tiendrai là. (*Il prend la place du 2e joueur. Le jeu se fait.*)

DE LUSSAC *apercevant de Mauléon qui passe au fond.*

Ah ! tenez, justement le voici. (*Il va à lui et l'amène devant Lambert*). Mon cher duc, permettez-moi de vous présenter M. Lambert, que j'ai eu l'honneur de recommander spécialement devant vous à Son Excellence.

DE MAULÉON.

Monsieur, c'est une noble ambition qui vous guide,

et quand on a aussi bien que vous mérité de la patrie...
Vous êtes bien monsieur Albert?

DE LUSSAC, *vivement.*

Non, Lambert, celui à qui, sur ma recommandation,
votre vénérable oncle a daigné s'intéresser. Il va vous
exposer lui-même ses titres et ses droits... Excusez-
moi, on m'attend.

DE MAULÉON, *le regardant s'éloigner, à part.*

Tiens, pourquoi donc s'en va-t-il? — N'importe. (*A
Lambert.*) Monsieur, la carrière que vous avez embras-
sée est une carrière bien épineuse, et on doit savoir gré
à ceux qui, comme vous, ont le courage de la pour-
suivre jusqu'au bout. — J'aime les braves. Aussi je
vous dis : Touchez-là. (*Il lui tend la main.*)

LAMBERT, *lui prenant la main et s'inclinant.*

Ah! monsieur le duc, un tel honneur... Mais êtes-
vous bien sûr que votre oncle...

DE MAULÉON.

J'ai un parent éloigné que vous devez connaître, un
nommé Florimond, capitaine dans un régiment de
zouaves.

LAMBERT, *secouant la tête.*

Florimond? — Je ne connais de ce nom qu'un
marchand de laine.

DE MAULÉON.

Vous ne le connaissez pas... c'est étonnant... Ah! en
voilà un brave, et qui a rendu des services à sa patrie!

LAMBERT.

Je n'en doute pas; mais ce n'est pas seulement dans
la carrière militaire qu'on peut signaler sa bravoure et
se rendre utile à son pays. L'agriculteur qui se lève
tous les jours avec le soleil, brave le froid et le chaud, et
met tout en œuvre pour arriver à rendre productive
une terre souvent ingrate...

DE MAULÉON.

Ce sont là de nobles sentiments.

LAMBERT.

Et ce n'est pas tout. L'agriculteur intelligent ne s'en
tient pas au travail de manœuvre; il ne se contente pas
de pousser à la roue, il cherche, il invente des amélio-
rations, des procédés plus économiques et plus faciles
pour obtenir des résultats semblables aux précédents,
et quelquefois meilleurs. Ainsi, l'an dernier...

DE MAULÉON.

Moi, d'abord, j'ai toujours aimé les militaires.

LAMBERT, *surpris, après un silence.*

Moi aussi... (*De Mauléon s'aperçoit que les rubans de
ses souliers traînent à terre. Il va s'asseoir sur le canapé
et les renoue.*)

GUIBLAIN, *tournant une carte.*

Le roi!...

L'ADVERSAIRE.

Encore! (*Se levant.*) Voilà trois parties de suite dans
lesquelles vous ne nous avez laissé prendre que deux
points. C'est joli.

GUIBLAIN.

Si l'on veut, je vais changer de côté. (*A son voisin.*)
Tenez, monsieur, prenez ma place. (*Il se lève.*)

LE JOUEUR.

C'est comme ces messieurs voudront.

LAMBERT, *à de Mauléon, qui vient de se lever.*

Je disais donc que j'avais, l'an dernier, une batteuse
d'une nouvelle invention. Elle fonctionnait à ravir. L'in-
venteur était un monsieur... (*Il cherche.*)

1er JOUEUR, *à Guiblain, qui vient s'asseoir près de lui
sur le fauteuil entre les deux tables.*

C'est cela, venez nous apporter la veine. (*Guiblain
met plusieurs louis sur la table.*)

LAMBERT, *ne trouvant pas le nom qu'il cherchait.*

Peu importe... Il faut vous dire que cette batteuse
avait un grand inconvénient; il fallait de très-grandes
précautions pour s'en servir.

DE MAULÉON.

Vous avez dû être blessé plus d'une fois?

LAMBERT, *secouant la tête.*

Non.

DE MAULÉON.

Non? Ce n'est pas possible!

LAMBERT.

Comme je vous le dis ; mais un de mes domestiques
l'a été grièvement. Quant à moi, un malheur aurait
bien pu m'arriver à mon tour, sans une heureuse ré-
forme que j'ai fait subir à ma machine. Figurez-vous...
ou plutôt non, je ne pourrais pas me faire bien comprendre, et j'aurai plus vite fait de vous dessiner mon
travail.

DE MAULÉON.

Enfin, soyez convaincu que je ne vous oublierai pas
près du ministre, qui, du reste, est déjà dans les meilleures dispositions à votre égard. — Il faudra m'envoyer vos titres avec votre demande par l'intermédiaire
de M. de Lussac, et puis... (*Avec hésitation*)...Ce n'est
pas tout...

1er JOUEUR, *se levant, à Guiblain.*

C'est perdu. Voyons si vous serez plus heureux.
(*Guiblain s'assied à la place du 1er joueur*).

DE MAULÉON, *à Lambert.*

Il y aura quelques formalités à remplir; il faudra
mettre en campagne deux ou trois garçons de bureau,
et ces messieurs ne sont pas toujours très-diligents. Si
vous pouviez, pour les stimuler, leur donner une petite gratification de cent francs à partager entre eux...

LAMBERT, *tirant de sa poche un billet de banque.*

Comment donc!... une misère... Mais à qui adresser...

DE MAULÉON, *prenant le billet.*

Je vous remercie pour eux; comme je les verrai probablement demain...

LAMBERT.

Quoi! monsieur le duc, vous daigneriez... Si j'osais, je vous prierais d'ajouter ces deux louis, qu'ils emploieront à un dîner à mon intention.

DE MAULÉON, *prenant les deux louis.*

Encore? Au fait, ça ne fera pas mal.

LAMBERT.

Je le crois. Il n'y a rien de tel qu'un bon dîner pour bien disposer les gens. Maintenant, si vous voulez m'accorder une seconde, je vais d'abord vous crayonner la première batteuse, celle qui a failli coûter la vie à mon domestique. (*Il tire de sa poche son portefeuille, dont il enlève une feuille, prend un crayon et va s'asseoir près du guéridon*).

DE MAULÉON, *regardant par-dessus l'épaule de Lambert.*

Tiens, il dessine... ne le dérangeons pas. Dix heures trois quarts. J'ai encore le temps d'arriver pour le train e onze heures. Allons, je ne suis pas mécontent de ma soirée. (*Il remonte et rencontre Godard, qui parie à la table du fond. Godard l'arrête*).

GODARD.

Vous sortez? Attendez-moi un instant.

DE MAULÉON, *montrant Lambert.*

Oui, c'est le monsieur qui avait une commande à me faire. (*Cependant plusieurs joueurs se sont succédés contre Guiblain, qui gagne toujours*).

1ᵉʳ JOUEUR, *à Guiblain, en distribuant l'argent aux parieurs.*

Bravo! continuez...

2ᵉ JOUEUR, *se levant.*

Le fait est que monsieur a une veine... effrayante. (*Un autre prend sa place*).

SCÈNE X.

LES MÊMES, LA BARONNE.

LA BARONNE.

Monsieur Godard est-il ici?

GODARD, *s'inclinant.*

Madame la baronne...

LA BARONNE.

Vous n'entendez donc pas? Le quadrille est commencé et vous faites attendre une de mes plus jolies danseuses.

GODARD.

C'est vrai. Suis-je étourdi! Mille pardons, madame. (*La baronne sort*).

LE JOUEUR *pour qui parie Godard, après avoir tourné.*

Le roi! quatre à rien.

GODARD, *qui s'est rapproché de la table, à lui-même.*

Bravo! (A *son voisin*). Vous voudrez bien recevoir pour moi, j'ai dix francs au jeu. Vous vous arrêterez là.

LE MONSIEUR.

Soyez tranquille. (*Godard sort en courant*).

DE MAULÉON, *à lui-même.*

Oui, plus j'y réfléchis, plus il me semble que j'ai été un maladroit. A la façon dont il m'a ajouté quarante francs, il m'aurait tout aussi bien aligné dix louis que cinq louis. Si... (*Il s'approche de Lambert, qui se retourne*).

LAMBERT.

Je vous demande mille pardons, monsieur le duc, d'être aussi long dans mon travail; mais il y a beaucoup de détails, comme vous voyez.

DE MAULÉON.

C'est un mérite de plus dont je vous félicite. (A *part*). Ah! bah! c'est trop tard maintenant. (*Un domestique entre avec un plateau. De Mauléon prend un verre de punch, dont il renverse une partie sur lui. Bon. Voilà mon habit et mon pantalon confondus. Heureusement ils ne sont pas à moi. Tant pis pour ce pingre de vicomte, cela lui apprendra à lésiner pour un chapeau. (Passant la main sur sa tête). Ah çà! mais je vais avoir froid à la tête cette nuit, moi qui suis déjà enrhumé... c'est absurde. Si encore je n'avais pas oublié mon mouchoir. (Il fait le tour des joueurs, regardant aux poches de derrière de leurs habits. Il tire lestement un foulard de la poche d'un monsieur qui se retourne*). Pardon, monsieur, votre foulard que vous laissiez tomber.

LE MONSIEUR.

Je vous remercie, monsieur.

DE MAULÉON.

Il n'y a pas de quoi. (A *part*). Pas de chance. (*Regardant la pendule*). Diable! sauvons-nous. (*Il disparaît à gauche*).

SCÈNE XI.

LES MÊMES, *moins* DE MAULÉON.

GUIBLAIN, *abattant ses deux dernières cartes.*

Atout et atout.

L'ADVERSAIRE, *se levant.*

Allons, de mieux en mieux.

GUIBLAIN.

Mon Dieu! messieurs, je suis vraiment honteux et je me demande ce que je dois faire. Déjà j'ai quitté l'autre côté parce que j'y gagnais toujours...

1ᵉʳ JOUEUR.

J'en sais quelque chose, et j'avais besoin de votre veine pour me relever.

GODARD.

Voilà dix fois au moins que monsieur passe.

2ᵉ JOUEUR.

Douze ! j'ai compté.

1ᵉʳ JOUEUR.

Et comme monsieur joue très-gros jeu...

GUIBLAIN.

C'est vrai, je pense toujours que la déveine arrivera, et comme je ne demande qu'à rendre ce que j'ai reçu...

2ᵉ JOUEUR, à part.

Oui, tâche de nous faire croire cela.

GUIBLAIN, au 1ᵉʳ joueur.

Voyons, monsieur, prenez ma place, je vous en prie ; d'abord je commence à être fatigué, et puis je n'aurais qu'à gagner encore...

2ᵉ JOUEUR, à son voisin.

Voyez-vous, l'hypocrite !

1ᵉʳ JOUEUR.

Si vous y tenez absolument et que ces messieurs le permettent...

PLUSIEURS JOUEURS.

Certainement !...

GUIBLAIN.

Maintenant, ou je me retirerai ou je me mettrai du côté que l'on voudra.

2ᵉ JOUEUR.

Restez de ce même côté. (Aux autres). Voilà douze fois qu'il passe ; c'est impossible que cela dure...

UN JOUEUR.

Pourquoi pas ? (Le jeu reprend).

LAMBERT, qui croit toujours de Mauléon derrière lui.

Là, voilà qui est fait. Voici les deux batteuses, l'ancienne et la nouvelle. D'abord, dans l'ancienne, il y a une chose qui doit vous frapper, c'est... (Il cherche des yeux de Mauléon). C'est... Hé bien, où est-il donc ? (S'approchant de la table de jeu). Parmi ces messieurs, sans doute ? Non... tiens, c'est toi, Guiblain ; que fais-tu donc là ?

GUIBLAIN, qui était assis contre le mur, se lève et vient à Lambert.

Ah ! laisse donc ! j'en ai honte ; je joue un jeu d'enfer moi qui n'avais jamais joué plus de cinquante centimes à l'écarté, et je gagne un argent fou.

LAMBERT.

Bah ! combien ?

GUIBLAIN.

Ma foi, je n'en sais rien, mais je suis sûr que cela va à plus de mille francs maintenant.

LAMBERT.

Mazette ! (Un domestique apporte des verres de punch sur un plateau).

GUIBLAIN, prenant un verre.

Mais je n'y tiens pas, et je vais me dépêcher de les rendre à ces messieurs pour avoir le droit de me retirer du jeu.

LAMBERT.

Tu es bien bon ; à ta place, je me retirerais tout de suite.

GUIBLAIN.

C'est possible... Et toi, que faisais-tu donc là avec ce monsieur ?

LAMBERT, prenant un verre.

Moi ? rien. — Nous causions agriculture.

GUIBLAIN, fronçant le sourcil.

Est-ce que ce n'est pas un haut personnage ?

LAMBERT.

Je ne sais pas... pourquoi ?

GUIBLAIN.

Pour rien... Dis-donc, va donc voir un peu ce que deviennent nos enfants. J'irai te rejoindre tout-à-l'heure.

LAMBERT.

J'y cours. — Où diable ce monsieur a-t-il pu passer ? — Ah ! par ici, peut-être. (Il disparaît à droite ; au même instant, Godard rentre à gauche. Cependant Guiblain se rapproche de la première table et regarde le jeu de ses adversaires).

SCÈNE XII.

LES JOUEURS, GUIBLAIN, GODARD.

GODARD, à quelqu'un du groupe qui entoure la 2ᵉ table.

Pardon, monsieur, avez-vous eu la bonté, comme je vous en avais prié...

LE MONSIEUR.

Quoi donc ? — Ah ! oui... vous avez perdu.

GODARD.

Pas possible ! nous étions quatre à rien.

LE MONSIEUR, s'emportant.

Monsieur, douteriez-vous...

GODARD, vivement.

Pas le moins du monde ! (A lui-même). Allons, j'aurais aussi bien fait de rester à l'autre table. (Il s'approche de la 1ʳᵉ table).

JOLY, à son voisin.

Mais oui, parbleu... c'est clair.

LEROI.

Nous sommes volés comme dans un bois.

GODARD, s'approchant.

Comment !... Qu'y a-t-il donc ?

LEROI.

Il y a que ce monsieur (Montrant Guiblain). qui parie de l'autre côté reste ici pour faire connaître notre jeu à l'adversaire.

GODARD.

Oh ! croyez-vous ?

JOLY.

Nous venons de surprendre un signe.

GODARD.

Je ne vous dis pas non ; mais il faudrait être bien sûr. (*Allant à Guiblain*). Est-ce que vous ne craignez pas de vous fatiguer, monsieur, à rester ainsi sur vos jambes ? — Vous avez toujours là votre fauteuil qui vous attend.

GUIBLAIN, *s'inclinant*.

C'est vrai, je n'y pensais pas, et je vous gênais peut-être. Excusez-moi. (*A part*). Ces messieurs sont décidément très-polis. (*Un monsieur arrive du fond*).

2ᵉ JOUEUR.

Encore volé !... C'est incroyable ! (*Il se lève*).

JOLY.

Parbleu ! cela devait être !

1ᵉʳ JOUEUR, *distribuant l'argent, à Guiblain*.

C'est quatre cents francs, je crois, qui vous reviennent.

GUIBLAIN.

Gardez-les et puissiez-vous les perdre.

LE MONSIEUR.

Ma foi, si vous avez hâte de perdre votre argent, vous n'avez qu'à aller dans le salon d'à côté, j'en arrive. On y joue un lansquenet furieux : on vient d'y faire un banquo de six cents francs.

TOUS LES JOUEURS, *simultanément*.

Ah ! j'y vais. — Je reprends mon argent. — Que ne le disiez-vous ? (*Ils reprennent leur argent ; l'autre table en fait bientôt autant. Tous se dirigent vers le salon de gauche*).

GODARD.

Allons, j'ai été suffisamment étrillé comme cela, et je crois que c'est le moment d'appliquer la maxime du sage : *Errare humanum est, — diaboli*... Du reste, avec quoi jouerais-je ?... Il me reste à peine de quoi payer mon chemin de fer. Me voilà léger comme une cigale qui aurait chanté tout l'été. Allons danser maintenant. (*Il sort par le fond*).

2ᵉ JOUEUR, *à Guiblain, qui vient d'empocher ses quatre cents francs*.

Est-ce que vous ne venez pas, monsieur ?

GUIBLAIN.

Tout à l'heure, j'ai besoin de respirer un peu.

2ᵉ JOUEUR.

C'est-à-dire que vous voulez faire Charlemagne.

GUIBLAIN, *surpris*.

Monsieur... vous êtes bien bon. (*A part*). Je ne comprends pas le mot.

2ᵉ JOUEUR, *s'en allant*.

Ou c'est un grand roué, ou c'est un grand niais : deux conditions pour attirer la fortune. (*Il prend en passant un verre de punch dans un plateau qu'un garçon lui présente*).

GUIBLAIN, *prenant un verre de vin chaud*.

Ouf ! pour un provincial, j'espère que je les ai assez battus, ces pauvres Parisiens. Quand je dis pauvres... tous ces gens-là sont pour le moins millionnaires, et quel bon ton ! quelle politesse exquise ! Ah ! la civilisation est une belle chose, et ce n'est que dans le grand monde que l'on apprend à vivre. J'ai presque honte maintenant d'avoir élevé Henri en sauvage comme je l'ai fait. Après tout, c'est lui qui l'a voulu. (*La baronne entre par le fond avec sa fille*).

SCÈNE XIII.

GUIBLAIN, LA BARONNE, ANTONIA.

LA BARONNE, *un éventail à la main*.

Ah ! on respire ici.

ANTONIA.

Ah ! maman, que je m'amuse et que je suis heureuse !

LA BARONNE, *l'embrassant au front*.

Ma chère Antonia !

ANTONIA.

Quelle excellente idée a eue M. de Lussac !

LA BARONNE.

Oui, mais aie donc plus de retenue. Songe que tu n'es plus une enfant et modère un peu tes élans de gaieté. Je te voyais tout à l'heure avec M. Gaston... (*Apercevant Guiblain*). Chut !

GUIBLAIN.

Ah ! madame la baronne, permettez-moi de vous faire compliment. Votre soirée est charmante.

LA BARONNE.

Vous êtes trop bon ; mais il me semble que vous n'avez pas beaucoup paru jusqu'à présent dans les salons ni dans le jardin.

GUIBLAIN.

C'est vrai, et c'est ma faute. Croiriez-vous que moi, qui n'avais jamais joué de ma vie, je me suis laissé entraîner comme un enfant.

LA BARONNE, *avec anxiété*.

Ah !... Et vous avez perdu... beaucoup ?

GUIBLAIN.

Au contraire, c'est parce que je gagnais que je n'osais pas quitter.

LA BARONNE.

Vous avez gagné ?

GUIBLAIN.

Des sommes folles. — Quinze cents francs au moins.

LA BARONNE.

Ce n'est pas possible ! (*A part*). Autant de perdu pour moi, probablement.

GUIBLAIN.

Maintenant, je vais respirer un peu.

LA BARONNE.

Allez donc! d'autant plus que je crois me rappeler
que mademoiselle Julie vous demandait tout à l'heure.

GUIBLAIN.

Ma fille? Excusez-moi donc. (*Il salue et sort; il se
heurte contre Lambert, qui vient en courant*). Au diable!
(*Le reconnaissant*). Comment, c'est toi! Est-ce que tu
fais une partie de cachette?

LAMBERT.

Tu l'as dit... et je me demande quand on cessera de
me faire courir. Ce monsieur avec qui je causais tout à
l'heure...

GUIBLAIN.

C'est encore lui que tu cherches?

LAMBERT.

L'as-tu vu?

GUIBLAIN.

Qu'as-tu donc à lui donner ainsi la chasse?

LAMBERT, *avec colère.*

Je te demande si tu l'as vu.

GUIBLAIN.

Non. Il n'est pas revenu ici, que je sache. Si je le
rencontre, je te l'enverrai.

SCÈNE XIV.

LAMBERT, LA BARONNE, ANTONIA.

LAMBERT.

Pardon, madame la baronne, vous n'auriez pas vu le
neveu du ministre?

LA BARONNE, *étonnée.*

Le neveu du ministre?...

LAMBERT.

Oui... qui était ici tout à l'heure.

ANTONIA.

Quoi! maman...

LA BARONNE, *lui serrant la main, bas, vivement.*

Tais-toi. (*Haut*). Bien, je me rappelle, un ami de
M. de Lussac.

LAMBERT.

Oui.

LA BARONNE.

Je sais qui vous voulez dire. Je crois qu'il valse en ce
moment avec Mlle de Dreuil. Va donc voir, Antonia, tu
viendras me dire si je me suis trompée.

ANTONIA, *surprise.*

Mlle de Dreuil? (*La baronne lui fait un signe*). Ah!
oui... J'y vais. (*En s'en allant*). Elle est bien heureuse,
cette demoiselle, on lui permet de valser.

SCÈNE XV.

LAMBERT, LA BARONNE.

LAMBERT.

Est-ce que vous connaissez beaucoup M. de Lussac?

LA BARONNE.

Oh! très-peu, au contraire. Il m'a été présenté l'an
dernier par une dame que j'ai depuis perdue de vue.
Je sais que c'est un jeune homme qui mène un assez
grand train, voilà tout.

LAMBERT.

Oui. Et il fait mener également grand train à mon
fils Gaston, qui n'en a pas les moyens, lui, et je suis
très-mécontent.

LA BARONNE.

Votre fils a pourtant l'air charmant, d'une douceur,
d'une amabilité... Il plaît à tous ceux qui le rencontrent,
et je vous avoue que ce soir il a tout de suite fait ma
conquête.

LAMBERT.

Vous êtes trop indulgente, baronne.

LA BARONNE.

Non pas, et je suis sûre que tout le monde sera de
mon avis. (*S'asseyant sur le canapé*). Vous paraissez
fatigué, venez donc vous asseoir.

LAMBERT.

Non, merci.

LA BARONNE.

Quel âge a-t-il, monsieur votre fils? Est-ce que vous
ne songez pas à le marier?

LAMBERT.

C'est à lui d'y songer, je le laisse parfaitement libre.
Il n'a pas de position, vu que monsieur se croyait et se
croit encore un aigle capable d'arriver à tout. En attendant, il a gaspillé ses droits maternels et me redoit
en sus cinq mille francs. Si, dans ces conditions-là, il
peut trouver à se marier convenablement, j'en serai
enchanté; quant à faire quelque chose pour lui...

LA BARONNE.

Allons, vous ne me dites pas ce que vous pensez.

LAMBERT.

Si fait. Mais pardon, madame la baronne, de vous
ennuyer de choses qui n'ont aucun intérêt pour vous.

LA BARONNE.

Pas du tout, monsieur Lambert; croyez au contraire...
(*Voyant venir Antonia, elle se lève et va à elle*). Eh bien?

SCÈNE XVI.

LAMBERT, LA BARONNE, ANTONIA et ADÈLE, *bras dessus bras dessous.*

ANTONIA.

Maman, Mlle de Dreuil valsait avec son cousin.

LA BARONNE.

Ah! il paraît que je m'étais trompée. (*A Lambert*). Vous sortez ?

LAMBERT.

Je cours à la recherche de ce monsieur, car il est inconcevable que...

LA BARONNE.

Il est peut-être au jardin.

LAMBERT.

J'y suis déjà allé ; je vais y retourner. (*Il sort*).

ADÈLE.

Comment, tu t'en vas sans m'embrasser, moi qui t'ai à peine vu de la soirée...

LAMBERT, *l'embrassant au front*.

Pardon. T'amuses-tu ?

ADÈLE.

Beaucoup. Et toi ?

LAMBERT, *sortant avec précipitation*.

Moi aussi. (*Entrent par la porte de droite de Saint-Maurice et Godard*).

SCÈNE XVII.

LA BARONNE, ADÈLE, ANTONIA, GODARD, DE SAINT-MAURICE.

DE SAINT-MAURICE, *du fond, bas à Godard*.

Tenez, la voilà avec la fille de la baronne. Personne n'a pu me dire encore qui c'était.

GODARD.

Invitez-la à danser, vous le saurez bien. Justement, voici le signal...

DE SAINT-MAURICE, *prêtant l'oreille*.

D'une polka. — C'est gênant pour causer. — N'importe, ce sera toujours un premier pas. (*Allant à Adèle*) Mademoiselle, pourriez-vous m'accorder...

ADÈLE.

Je veux bien, monsieur.

GODARD, *à Antonia*.

Mademoiselle, si j'osais...

ANTONIA, *d'un ton suppliant*.

Maman, permets-tu ?... une polka avec M. Godard.

LA BARONNE.

Tu sais bien que... (*Regardant Adèle qui sort avec de Saint-Maurice*). Enfin, va pour cette fois...

ANTONIA.

Merci... (*Elle sort avec Godard*).

SCÈNE XVIII.

LA BARONNE, *puis* DE LUSSAC.

LA BARONNE.

M. Lambert paraît bien résolu à abandonner son fils à lui-même. Au fait, cela vaut peut-être mieux ainsi...

DE LUSSAC, *arrivant par la porte de gauche*.

Ah! vous voilà.—Eh bien ! comment cela va-t-il ? J'ai rencontré à l'instant Gaston, à qui j'ai demandé comment il trouvait Anton... (*Se reprenant*). mademoiselle Antonia. Il la trouve charmante ; mais c'est le père qui m'inquiète... S'il venait à apprendre... Prenez garde ; c'est un homme minutieux, qui ira aux informations.

LA BARONNE.

Je suis à peu près rassurée de ce côté-là. Le père vient de me déclarer qu'il ne voulait plus s'occuper des affaires de son fils, qu'il le laissait entièrement libre.

DE LUSSAC.

Tant mieux. Leur division est ce qu'il peut y avoir de plus avantageux pour vous.

LA BARONNE, *avec finesse*.

Et je crois qu'elle ne vous ferait pas de tort non plus... Et c'est pour me parler de tout cela que vous avez quitté votre partie de lansquenet ?

DE LUSSAC.

Oui. Dites donc que je ne m'intéresse pas à vous. — Ah! à propos, seriez-vous assez bonne pour me mettre de côté ces vingt-cinq louis ?

LA BARONNE.

Vous avez déjà gagné cela ?

DE LUSSAC.

Allons, bon, voilà que vous dites comme eux. Sous prétexte que je gagne, il y a Joly et Leroi qui me tourmentent déjà pour que je leur prête de l'argent. Qu'ils s'adressent ailleurs. Moi, j'avais cette somme en arrivant (*Mouvement de la baronne*). et comme, réflexion faite, je ne veux pas la risquer... C'est que l'argent, au jeu... s'en va...

LA BARONNE, *avec intention*.

Comme il vient. Vous avez raison. — Ainsi, vous en avez assez et vous ne voulez plus jouer ?

DE LUSSAC.

Si ; je garde une quarantaine de francs qui me suffiront.

LA BARONNE.

C'est bien vu. Comme cela, vous n'avez plus peur de montrer vos poches...

DE LUSSAC.

Rentrons-nous ? Voulez-vous accepter mon bras ? (*Il lui offre le bras gauche*).

LA BARONNE, *prenant le bras de de Lussac*.

Ah! vicomte, sans reproche, vous tournez singulièrement au troisième fils de Cadet Roussel.

DE LUSSAC.

Comment ? — Ah ! oui... *le troisième est un peu...*

LA BARONNE,

Et la ficelle, cela casse... Prenez garde !

DE LUSSAC, *lui prenant la main et la lui serrant.*
Oh! je suis solide maintenant; je tiens la corde.

LA BARONNE.
Qu'entendez-vous par là?

DE LUSSAC.
J'entends, baronne, que tant que vous serez auprès de moi... (*Ils disparaissent par la portière de gauche. Adèle et Antonia entrent par la portière de droite*).

SCÈNE XIX.
ADÈLE, ANTONIA.

ANTONIA.
Dieu! que je suis fatiguée! (*Un domestique entre avec un plateau*).

ANTONIA, *prenant un verre sur le plateau.*
Tenez, rafraîchissez-vous donc. (*Elle tend le verre à Adèle*).

ADÈLE, *le prenant.*
Merci.

ANTONIA, *prenant un verre qu'elle boit.*
Savez-vous que je vous admirais tout à l'heure. Vous polkez à ravir: il faudra que je vous demande des leçons. Figurez-vous que je polkais pour la troisième fois... Mais vous voudrez bien me montrer, n'est-ce pas?

ADÈLE.
Avec plaisir et quand vous voudrez.

ANTONIA.
Mon Dieu! que vous avez donc un bon caractère, mademoiselle, et qu'il doit être agréable de vivre avec vous.

ADÈLE, *souriant.*
Vous trouvez?

ANTONIA.
Oui. Vous ne ressemblez guère à votre amie, Mlle Guiblain. Elle est d'un sérieux qui vous glace, — comme son frère, du reste. A-t-on eu de la peine jusqu'ici pour les décider à danser, même lorsqu'ils étaient indispensables! Une seule fois, votre amie s'est levée de son siège d'assez bonne grâce, c'est quand votre frère l'a invitée, et encore paraissait-elle toute soucieuse.

ADÈLE.
Julie n'aime pas beaucoup aller dans le monde, et encore moins se trouver au milieu d'étrangers. Dites-moi, savez-vous quel est le jeune homme avec qui je viens de valser?

ANTONIA.
C'est un ami de M. de Lussac, un haut personnage, à ce qu'il paraît; nous ne le connaissons pas. C'est le vicomte qui l'a amené. Il a l'air très-bien, n'est-ce pas?

ADÈLE.
Oui. J'ai vu à plusieurs de ses questions qu'il cherchait à savoir qui j'étais, et je ne sais pas pourquoi j'ai toujours détourné la conversation.

ANTONIA.
Pourquoi donc? C'est peut-être que vous lui plaisez beaucoup, et dame, on ne sait pas,..

ADÈLE, *souriant.*
Oui... on a vu des rois... Pour être plus libre de me parler, sans doute, il m'a demandé le prochain quadrille.

ANTONIA.
Celui qu'on va danser dans une seconde? Prenez garde!... vous vous ferez remarquer... le monde est si méchant!

ADÈLE.
C'est aussi ce que j'ai pensé, et je ne lui ai accordé que la prochaine mazurke.

ANTONIA.
Monsieur votre père vous laisse donc danser toutes les danses?

ADÈLE, *naïvement.*
Puisque je les sais. A propos, qu'est donc devenu M. de Lussac? — Il ne danse donc pas?

ANTONIA.
Rarement. Je l'ai aperçu tout à l'heure à la table de lansquenet.

ADÈLE.
Qu'est-ce que c'est que le lansquenet?

ANTONIA, *avec étonnement.*
Vous ne savez pas? C'est un jeu où l'on gagne beaucoup d'argent.

ADÈLE, *souriant.*
On n'y perd donc jamais?

ANTONIA.
Oh! si...

ADÈLE.
Ah!... Comment, M. de Lussac est joueur?

ANTONIA.
Oh! très-prudent! Ainsi, au lansquenet, il attend toujours sa main et ne ponte jamais.

ADÈLE *souriant.*
Quel langage me parlez-vous là? Vous êtes donc joueuse aussi?

ANTONIA.
Oh! du tout; mais à force de voir... (*A part*). Ah! maladroite.

ADÈLE.
Et vous dites que cet ami de M. de Lussac...

ANTONIA, *apercevant de Saint-Maurice et Gaston qui viennent de gauche.*
Tenez, le voici avec votre frère.

ADÈLE, *troublée.*
Venez-vous?

ANTONIA.
Pourquoi donc? Nous sommes très-bien ici.

DE SAINT-MAURICE, *à part, en regardant Adèle.*

Ma charmante inconnue. (*Haut.*) Est-ce que nous vous faisons fuir, mesdames ?

ADÈLE.

Non, monsieur; nous sortions.— Gaston, n'oublie pas que nous partons de bonne heure.

DE SAINT-MAURICE, *à part.*

Tiens, tiens ! (A *Adèle, très-gracieusement.*) Pas avant ma mazurka, je l'espère. (*Adèle s'incline sans répondre et sort avec Antonia*).

___

SCÈNE XX.

DE SAINT-MAURICE, GASTON.

DE SAINT-MAURICE, *allant s'asseoir sur le fauteuil à gauche.*

Vous êtes le mari de cette jeune dame?

GASTON, *souriant.*

Non, monsieur, je suis son frère.

DE SAINT-MAURICE, *vivement.*

Ah ! pardon. (*A part*). Farceur !... de Lussac m'a assuré qu'il était fils unique. (*Haut*). Venez donc vous asseoir.

GASTON, *venant s'asseoir sur l'autre fauteuil.*

Ainsi, vous m'assurez que ma pièce...

DE SAINT-MAURICE.

Sera lue par le directeur, que j'ai déjà bien disposé pour vous.

GASTON.

Vous, vous l'avez lue ?

DE SAINT-MAURICE.

Sans doute, puisque c'est à moi qu'elle a été remise, comme membre du comité littéraire.

GASTON.

Et vous en avez été... satisfait ?

DE SAINT-MAURICE.

Très-satisfait. Le sujet est bien choisi et bien traité; c'est gai, c'est original, et il y a plusieurs traits qui ne manqueront pas d'exciter l'hilarité du public.

GASTON.

Pardon. Je ne vois pas à quels endroits de mon *Spartacus* le public pourrait... Je vous parle d'une tragédie; vous confondez peut-être ?

DE SAINT-MAURICE.

Ah ! c'est juste. Suis-je étourdi ! Je confondais en effet. Votre pièce est intitulée *Spartacus.*

GASTON.

Justement.

DE SAINT-MAURICE.

Une tragédie.

GASTON.

Oui.

DE SAINT-MAURICE.

En vers.

GASTON.

Naturellement.

DE SAINT-MAURICE.

C'est cela, je me souviens. Hé bien, il y a de très-belles choses dans votre tragédie : il y a de l'action, du mouvement... il y a surtout un endroit... c'est quand on approche du dénouement, à la fin du cinquième acte.

GASTON.

Ma tragédie n'a que trois actes.

DE SAINT-MAURICE.

C'est juste ; je voulais dire du troisième acte. Mon Dieu ! c'est à l'endroit... aidez-moi donc !

GASTON.

Vous voulez peut-être parler du moment où Spartacus brise ses fers.

DE SAINT-MAURICE.

C'est cela. Pourtant, je vous reprocherai une longueur... je ne sais plus où... attendez, je crois que c'est au premier acte.

GASTON.

Ah ! oui... le discours de Spartacus à ses soldats. Cent cinquante vers ! — J'y ai songé et il faudra peut-être que j'en retranche une cinquantaine. Ce sacrifice me coûtera...

DE SAINT-MAURICE.

Croyez que le public vous en tiendra compte. A votre place, je ferais plus et j'en supprimerais le double.

GASTON.

Cent vers !... mais c'est énorme !

DE SAINT-MAURICE.

A faire et quelquefois à entendre, oui ; mais à supprimer, ce n'est rien. Essayez.

GASTON.

Je n'en aurai jamais le courage. Quoiqu'il en soit, je puis compter sur vous ?

DE SAINT-MAURICE.

Comme sur vous-même. Ah ! à propos, pour que les choses aillent plus vite, je vous conseillerais de faire connaître d'avance votre tragédie aux acteurs, qui se pénètreront de leur rôle, et au besoin plaideront pour vous près du directeur. Pour cela, il sera bon de faire faire plusieurs copies de votre manuscrit, six au moins; à cinq francs par acte, autrement dit quinze francs par copie, cela fera quatre-vingt dix francs, et comme je connais particulièrement un excellent calligraphe, si vous voulez, dès demain je lui remettrai votre manuscrit avec l'argent que vous allez me donner.

GASTON.

Vous croyez qu'il serait à propos... Soit, je m'en rapporte à vous. (*Tirant un billet de son portefeuille*). Tenez, voici un billet de cent francs. (*A part*). C'est mon dernier. (*Haut*). Si vous avez dix francs à me remettre...

DE SAINT-MAURICE.

Vous tenez à ce que je vous remette la différence?...

GASTON, *avec embarras.*

Oh ! mon Dieu, non... vous en gratifierez l'écrivain. Ainsi, c'est convenu, monsieur de Saint-Maurice, et je puis être tranquille...

DE SAINT-MAURICE.

Nous arriverons, ou j'y perdrai mon nom.

GASTON, *lui serrant la main.*

Merci ! C'est que vous ne pouvez savoir, voyez-vous, à quel point je tiens à la réalisation de ce rêve de toute ma vie, c'est-à-dire à me faire une position dans les lettres à Paris. Pour en venir là, je donnerais une partie de mon sang, je donnerais...

DE SAINT-MAURICE.

Même votre maîtresse.

GASTON.

Oh ! ma maîtresse... d'abord, je n'en ai pas pour le moment.

DE SAINT-MAURICE, *avec un sourire ironique.*

Allons-donc ! sournois...

GASTON.

Non, je vous jure ; et puis si vous saviez combien je songe peu aux femmes maintenant, — à celles-là, du moins... (*Apercevant Adèle qui entre, vivement à de Saint-Maurice*). Chut !...

DE SAINT-MAURICE.

Quoi donc ? (*Il se retourne et voit Adèle*). Ah !

SCÈNE XXI.

DE SAINT-MAURICE, GASTON, ADÈLE, *allant se jeter sur le canapé à droite.*

GASTON.

Qu'as-tu donc ?

ADÈLE.

Ah ! je suis brisée... et cela pour un maudit chapeau qu'on ne peut pas retrouver. Figure-toi... (*Apercevant de Saint-Maurice*). Pardon, monsieur, je ne vous avais pas aperçu. (*A Gaston en baissant la voix*). Figure-toi que mon père était allé dans le jardin à la recherche de quelqu'un. Il s'est senti froid à la tête et a été pour prendre son chapeau dans un coin où il l'avait déposé : plus de chapeau ! Si bien qu'il crie, il s'impatiente, il dit qu'on lui a pris son chapeau et qu'il faut absolument qu'il se retrouve. Va donc l'aider dans ses recherches si tu veux ; pour moi, je n'en puis plus.

GASTON.

J'y cours. (*Élevant la voix et désignant de Saint-Maurice*). En attendant, permets-moi, ma chère Adèle, de te présenter un ami, un protecteur dévoué. C'est grâce à lui ainsi qu'à M. de Lussac, qui nous a mis en présence, que mon *Spartacus* verra le jour sur l'une de nos premières scènes.

ADÈLE.

Vraiment !.. Ah! monsieur, s'il en est ainsi, acceptez d'avance mes bien sincères remerciements, car vous aurez réalisé le rêve de Gaston et mon plus cher désir.

DE SAINT-MAURICE.

Ah ! mada... mademoiselle, croyez que je serai trop heureux... (*Ritournelle d'une mazurka*). Mais voici, je crois, le signal de la mazurka que vous m'avez promise, et si vous voulez...

GASTON.

Monsieur de Saint-Maurice, je ne vous dis pas adieu (*Il sort*).

SCÈNE XXII.

DE SAINT-MAURICE, ADÈLE.
Musique en sourdine sur un air de mazurka pendant toute cette scène.

ADÈLE, *à part.*

De Saint-Maurice ! un joli nom... (*Après avoir fait un effort pour se lever, à de Saint-Maurice qui lui offre le bras*). Mon Dieu, monsieur, je serais désolée de manquer à ma parole, mais je suis tellement fatiguée en ce moment que...

DE SAINT-MAURICE, *un peu sèchement.*

Que vous me priez de vous la rendre. Si dur que soit pour moi le sacrifice, mademoiselle, si vous y tenez absolument...

ADÈLE.

Mille pardons, monsieur, je manque peut-être en ce moment aux usages, aux convenances, je vais si rarement dans le monde ; mais d'après le bien que l'on vient de me dire de vous et les droits que vous avez acquis à ma reconnaissance en obligeant une personne qui m'est bien chère, vous ne pouvez supposer qu'il y ait de ma part ici mauvais vouloir... et tenez, pour que vous en soyez plus sûr... (*Se disposant à se lever.*) je suis prête.

DE SAINT-MAURICE.

Non, restez ; c'est à moi de demander grâce pour ce que mes paroles de tantôt ont eu peut-être d'un peu amer. Pardonnez-moi, et n'y voyez que l'expression d'un profond regret.

ADÈLE, *souriant.*

Oh! un profond regret !... pour une mazurka qui sera finie dans dix minutes.

DE SAINT-MAURICE.

Ce que vous appelez dix minutes, made... (*A part.*) Diable ! n'allons pas si vite; et puis j'ai déjà vu cette phrase-là quelque part.

ADÈLE.

Vous allez me trouver peut-être bien indiscrète, monsieur; mais il faut absolument que je vous adresse une prière.

DE SAINT-MAURICE.

Parlez, mademoiselle, et croyez que du moment qu'il s'agit de vous...

ADÈLE.

Il ne s'agit pas de moi, monsieur, mais de quelqu'un que j'aime plus que tout au monde, de mon frère...

DE SAINT-MAURICE, *avec un sourire malin.*

C'est entendu.

ADÈLE.

Contrairement à ceux qui ont cherché à le détourner de la voie difficile dans laquelle il s'engageait, j'ai toujours applaudi à ses efforts et encouragé son ambition, car il m'a toujours semblé voir en lui une intelligence tout à fait supérieure et destinée à produire de grandes choses. Pourtant je puis m'être trompée et lui aussi. Il se peut que mon frère, mesurant ses forces à son désir d'arriver, se soit exagéré son talent ou même ait pris pour du talent ce qui n'était de sa part que de l'ambition. — Oh! s'il en était ainsi, monsieur; il faudrait mieux le lui dire tout de suite : il souffrirait trop plus tard ! Mais j'ai tort de m'alarmer, n'est-ce pas? Gaston arrivera, car il a le feu sacré, il a le génie. Oh! je comprends sa persévérance, car moi aussi je suis artiste. Comme lui je comprends qu'après avoir vécu à Paris, après avoir réchauffé son cœur à ce grand foyer de toutes les lumières, se condamner à l'isolement et à l'ombre, s'enfermer dans une campagne pour y mener une existence presqu'aussi matérielle que les animaux qu'on y élève...

DE SAINT-MAURICE.

Est une chose impossible, vous avez raison, et je conçois du reste que vous ne vous souciez pas de voir l'objet de votre culte rester là-bas avec des laboureurs. Vous voudriez le voir secouer le joug paternel (joug est le mot) pour aller se fixer à Paris, où vous demeurez sans doute.

ADÈLE.

Moi? pas du tout; je reste à la campagne.

DE SAINT-MAURICE.

Vous aussi? Avec des idées pareilles! (*Après un silence*). Vous l'aimez donc bien?

ADÈLE.

La campagne? je la déteste.

DE SAINT-MAURICE.

Je ne vous parle pas de la... Enfin... Donc, vous vivez au milieu des champs, isolée du monde, sacrifiant à un sentiment, très-respectable du reste, tous vos goûts, tous vos plaisirs?

ADÈLE.

Pour me dédommager, j'ai bien fait venir des professeurs de musique, de peinture; mais c'est si triste de ne travailler que pour soi, de n'avoir personne qui vous encourage et vous applaudisse. Oh ! par moments, j'aurais voulu être pauvre et aller à Paris, au Conservatoire, étudier le chant ou la déclamation, et entrer dans quelque théâtre. J'aurais voulu briller, me faire un nom, devenir une Malibran ou une Duchesnois.

DE SAINT-MAURICE.

Je vois que Paris ne vous est pas inconnu.

ADÈLE.

J'y suis allée trois fois depuis quatre ans, et je n'ai jamais manqué de passer mes soirées dans les principaux théâtres. Chaque soir je revenais émerveillée de ce que j'avais vu et entendu, éblouie par toutes ces lumières, étourdie par les bravos de la foule, qui jetait à profusion sur la scène bouquets et couronnes. Comme je portais envie à ces artistes ainsi adulés, portés aux nues ! Comme je me disais que pour eux la vie devait être un bonheur, une ivresse de tous les instants !...

DE SAINT-MAURICE.

Mais ce rêve, n'est-il pas toujours temps de le réaliser? — M. Gaston auteur, vous premier sujet d'un grand théâtre, cela irait parfaitement. — Cette foule idolâtre, ces applaudissements, ces couronnes, tout cela vous appartiendra quand vous voudrez, car vous avez tout ce qu'il faut pour réussir au théâtre : beauté, intelligence.

ADÈLE.

Vous me flattez. — Je ne me fais pas illusion, surtout quand je vois la peine que Gaston a pour arriver.

DE SAINT-MAURICE.

Et croyez-vous que ceux qui ont fait arriver l'au... (*Se reprenant.*) le frère manqueraient de zèle lorsqu'il s'agira de protéger la sœur? (*Henri paraît au fond*). Pour ma part, comptez sur tout mon dévouement. Dites-moi sur quel théâtre il vous plaira de faire vos premiers pas dans votre nouvelle carrière. Dites-moi quel est l'heureux public devant qui vous daignerez étaler tant d'esprit et de grâce. Partout où vous irez, soyez certaine que les plus brillants succès vous attendent, et qu'il se formera autour de vous tout un peuple d'adorateurs dont vous serez la reine. A la tête, vous verrez toujours le plus humble, mais aussi le plus dévoué de tous vos esclaves, toujours prêt à vous applaudir, — et au besoin à vous défendre... Ni soins, ni sacrifices ne lui coûteront pour conserver un pareil trésor, car l'idée seule d'en être séparé lui cause déjà une frayeur mortelle. Hélas! c'est surtout au milieu de vos triomphes qu'il faudra le plaindre, car alors surtout il souffrira, car il sera jaloux de cette gloire qui vous absorbera tout entière, jaloux de cette foule qui, comme lui, aura le droit de vous fêter et de vous aimer. *Il tombe à genoux et va pour prendre la main d'Adèle, qui jusque-là, comme fascinée, l'écoutait et le regardait sans rien dire; puis tout à coup, comme si elle recouvrait la raison, elle retire sa main et recule avec frayeur jusqu'au bout du canapé.*

SCÈNE XXIII.
LES MÊMES, HENRI.

HENRI, *s'élançant.*

Misérable!...

DE SAINT-MAURICE, *froidement.*

De quoi vous mêlez-vous, monsieur, et de quel droit venez-vous écouter aux portes? — Direz-vous aussi que vous êtes le frère de madame... ou mademoiselle, comme vous voudrez?

ADÈLE, *cachant sa tête dans ses deux mains.*

O mon Dieu!...

HENRI, *vivement, à Adèle.*

Allez trouver Julie; je vous rejoins à l'instant. (*Adèle sort à droite. — Se retournant vers de Saint-Maurice*). Non, monsieur, non, je ne suis pas son frère. (*Voyant venir Gaston de gauche*). Tenez, le voilà, son frère, et vous allez vous expliquer avec lui.

SCÈNE XXIV.
GASTON, HENRI, DE SAINT-MAURICE.

GASTON (*).

Qu'est-ce donc?

HENRI.

Il y a que monsieur, à qui trop de verres de punch sans doute ont troublé les idées, (*Mouvement de Saint-Maurice*) s'est cru ici à la Chaumière ou à Mabille, et vient de tenir à ta sœur les propos les plus étranges. Il lui a parlé tout bonnement comme on parle à une femme dont on espère faire prochainement sa maîtresse (*Mouvement d'indignation de Gaston*). Je l'ai traité de misérable. Si je ne l'ai pas souffleté, c'est que la chose te regarde avant moi. Te voilà; si tu ne trouves pas qu'il y ait motif suffisant pour aller sur le terrain avec monsieur, monsieur n'y perdra rien; un prétexte est bientôt trouvé, et il aura ma vie ou j'aurai la sienne.

SCÈNE XXV.
DE SAINT-MAURICE, GASTON.

DE SAINT-MAURICE.

Ah çà! est-ce que votre ami a été mordu?

GASTON.

Je ne pense pas; c'est un garçon plein de sens, et je dois croire que ce qu'il dit est vrai. Monsieur de Saint-Maurice, demain à midi j'aurai l'honneur de vous en-

(*) Gaston, Henri, de Saint-Maurice.

voyer mes témoins à l'adresse que vous allez m'indiquer; quant à moi, voici ma carte.

DE SAINT-MAURICE, *mettant la carte dans sa poche.*

Êtes-vous fou, voyons? Écoutez-moi un instant. D'abord est-il bien vrai que la jeune personne que vous m'avez donnée pour votre sœur soit votre sœur en effet?

GASTON.

Est-ce une nouvelle insulte?

DE SAINT-MAURICE.

Je vous jure sur l'honneur, je vous jure sur la tête de ma mère que M. de Lussac m'avait assuré que vous n'aviez ni frère ni sœur; que d'après cela et d'après la manière dont on est venu tantôt vous parler à l'oreille devant moi, au lieu de songer, sinon à une sœur, du moins à une parente très-intime, j'ai songé tout de suite à une maîtresse. Cette idée s'est confirmée chez moi quand j'ai vu avec quelle chaleur mon interlocutrice prenait vos intérêts. Elle m'a confié qu'elle aussi avait rêvé la gloire, qu'elle avait souvent envié le sort des reines de théâtre. Alors je lui ai dit qu'il était toujours temps d'essayer et je lui ai naturellement offert ma protection, comme je vous l'ai promise à vous. Là-dessus votre ami est tombé ici comme une bombe, et s'exagérant sans doute la portée de mes paroles, m'a décoré d'une épithète qui lui revient de droit (*Haussant les épaules*). C'est son procédé qui est misérable; et, sous prétexte de défendre l'honneur d'une jeune fille, on ne va pas la compromettre ainsi au milieu d'un bal par une esclandre ridicule.

GASTON.

Soit. Henri est peut-être allé trop loin; mais convenez qu'Henri, notre ami d'enfance, en vous entendant proposer à ma sœur un engagement pour le théâtre...

DE SAINT-MAURICE.

Je vous répète que je ne pensais nullement parler à la sœur, mais bien à la maîtresse de M. Gaston Lambert, et malgré cela je ne pense point m'être écarté un seul instant des convenances, quoi qu'en dise votre fougueux ami.

GASTON.

Je désire que vous disiez vrai et qu'Henri se soit trompé. Je lui rapporterai notre conversation; mais que cela ne vous empêche pas, comme je vous en priais tout à l'heure, de me donner votre adresse.

DE SAINT-MAURICE.

Volontiers. Je n'ai pas apporté de cartes; mais vous n'aurez qu'à me demander au boulevard des Italiens, hôtel du Nord, et pour quelque cause que vous veniez me voir, croyez que vous serez toujours bien reçu.

GASTON.

Merci. Ne vous étonnez pas si je ne vous serre pas la main.

DE SAINT-MAURICE.

Comment donc! votre ami est peut-être caché dans quelque coin qui vous observe. Adieu. (*En s'en allant*) Ouf! J'ai vu le moment où mes cent francs allaient me coûter cher. (*Il sort par la porte du fond*).

GASTON, *seul*.

Dois-je croire à l'excuse qu'il m'a donnée, — et partant dois-je croire aux promesses qu'il m'a faites? (*Il fait quelques pas et s'arrête*). Henri ne manquera pas de dire encore que l'ambition m'aveugle et me fait manquer à mon devoir; que je n'avais pas d'explication à entendre de M. de Saint-Maurice, et que je devais le souffleter tout d'abord. (*Il se promène avec agitation*). Allons donc! — C'est Henri qui voit mal. C'est lui que la colère aveugle. Son dépit de n'avoir pu plaire à ma sœur lui fait voir des rivaux partout. (*Lambert entre par la porte de gauche avec Godard*).

SCÈNE XXVI.

GASTON, LAMBERT, GODARD, *puis* DE LUSSAC.

LAMBERT.

Est-il Dieu possible! Ah! le brigand! ah! la canaille! Et vous dites que c'est M. de Lussac...

DE LUSSAC, *qui venait du fond, s'arrête et écoute*.

Hein?... on parle de moi.

GODARD, *voyant venir Gaston de gauche*.

Chut! voici quelqu'un.

LAMBERT, *se retournant sans voir de Lussac*.

Ah! te voilà, toi? et ce chapeau?

GASTON.

Je suis désolé mon père; j'ai cherché partout; mais...

LAMBERT.

C'est bien. — Ah! et ton directeur de théâtre, ton régisseur, ton souffleur, je ne sais quoi, l'as-tu vu? — T'a-t-il promis monts et merveilles? — Vas-tu enfin regagner tout cet argent que tu as gaspillé, sans compter les cinq mille francs que tu me dois?

GASTON.

Mon père!

LAMBERT.

En tout cas, sache bien une chose, c'est que je ne veux plus t'avoir à ma charge. Tire-toi d'affaire comme tu pourras; retourne à Paris, va où tu voudras, fais ce que tu voudras, tu es libre.

GASTON.

Alors je ne retourne pas avec vous ce soir aux Pavots?

LAMBERT.

Bien entendu.

DE LUSSAC, *caché*.

Il est à nous; courons prévenir la baronne. (*Il disparaît*).

GASTON, *s'inclinant*.

Eh bien! mon père, adieu!

LAMBERT.

Hein? Pourquoi adieu? — Tu te crois donc tout-à-fait perdu? hors d'état de te faire une position?...

GASTON.

J'essaierai, mon père, et quoi qu'il en soit, soyez convaincu que je porterai dignement votre nom.

LAMBERT.

Je l'espère bien!... (*Gaston sort avec un geste de douleur*).

SCÈNE XXVII.

GODARD, LAMBERT.

GODARD, *regardant le côté par où Gaston est sorti*.

Pauvre jeune homme! Ainsi vous le laissez sur le pavé?

LAMBERT.

Bah! ce n'est qu'ainsi qu'on force les paresseux à travailler. — Vous dites donc que ce prétendu neveu du ministre?..

GODARD.

Est le fils d'un employé de l'octroi. Son père est un très-brave homme, à la considération duquel on n'a pas poursuivi le fils dans une circonstance grave. Le drôle, il y a deux ans, s'est avisé de présenter à ma caisse (je suis caissier chez un banquier) une traite fausse. Ayant pitié de sa jeunesse, j'ai intercédé pour lui. Mon patron a fait venir le père, devant lequel il a donné à notre étourneau une forte semonce, et tout s'est borné là. C'est ainsi que je l'ai connu. Depuis, il semblait s'être tout-à-fait amendé. Je l'ai revu plusieurs fois chez son père, qui aurait voulu m'avoir tous les jours à sa table pour me témoigner sa reconnaissance d'avoir sauvé son nom de la honte. Avant-hier encore je dînais chez le père de Jacques, comme ce dernier venait d'être frappé d'une surdité dont je m'étonne que vous ne vous soyez point aperçu... De sorte qu'il vous a soutiré...

LAMBERT.

Cent quarante francs... une misère! et j'entends que vous n'en parliez à personne. Mais comment se fait-il que M. de Lussac connaisse ces gens-là et les présente à la baronne?

GODARD.

Est-ce que les chevaliers d'industrie n'ont pas à faire à toute espèce de monde, plutôt aux fripons qu'aux honnêtes gens?..

LAMBERT.

Ainsi vous pensez que M. de Lussac est un...

GODARD.

Je n'en pourrais pas donner une preuve certaine, mais c'est ma conviction.

LAMBERT.

Et la baronne le reçoit?

GODARD.

C'est que sans doute la baronne n'a pas de lui la même opinion. On le lui aura présenté comme quelqu'un de... présentable, elle l'aura pris pour tel. Le proverbe qui dit que *rien ne ressemble plus à un honnête homme qu'un fripon* est bien vrai. Tenez, sans aller bien loin, il y a une chose que je suis désolé de vous dire. Ce monsieur qui était là, tantôt jouant, tantôt pariant, et qui s'est dérangé un instant pour venir vous causer.

LAMBERT.

Guiblain?

GODARD.

Vous le connaissez... beaucoup?..

LAMBERT.

Infiniment.

GODARD.

Je ne vous conseille pas de vous en vanter, pas plus que de laisser votre caisse ouverte devant ce monsieur.

LAMBERT.

Que voulez-vous dire?

GODARD.

Qu'il est avéré pour nous tous maintenant que ce monsieur est un grec de la pire espèce.

LAMBERT.

Guibl... ah! ça, vous voulez rire?

GODARD.

Non pas, et encore moins ces messieurs, qu'il a presque entièrement dévalisés. Déjà à l'écarté, il avait eu une chance extraordinaire. Tout-à-l'heure, entraîné par deux ou trois imprudents qui espéraient avoir leur revanche, il se met à une partie de lansquenet en commençant par dire que ce jeu est entièrement nouveau pour lui; et en effet, à la manière dont il se met à jouer il semble qu'il n'en a aucune idée, et va s'enferrer à la première main qui passera seulement sept ou huit fois, car il ponte toujours et suit son argent avec l'acharnement d'un fou. Hé bien, pas du tout: il n'y a de main que pour lui, et quand je vous ai abordé tantôt, il avait un monceau d'or devant lui.

LAMBERT.

Et l'on pense que Guiblain....

GODARD.

Pas lui tout seul; on suppose qu'il a un complice qu'on espère bien trouver avant la fin de la soirée, et alors...

LAMBERT.

Mais c'est infâme! Parbleu! dût-on me prendre pour le complice en question, je vais parler à ces messieurs et arracher Guiblain de cet enfer.

GODARD.

Si vous le pouvez, c'est un grand service que vous lui rendrez.

LAMBERT, *revenant*.

Ah! ça, je vous en supplie, puisque le hasard vous a mis au courant de ma mésaventure, n'en parlez à personne.

GODARD.

Soyez tranquille. (*Ils vont pour sortir et se croisent avec Adèle, qui donne le bras à Julie*).

ADÈLE.

Mon père, est-ce que nous n'allons pas bientôt partir?

LAMBERT.

Quand vous voudrez. Justement je vais chercher Guiblain.

JULIE, *à part*.

Ah! tant mieux.

LAMBERT, *à Adèle*.

Mais je croyais que tu t'amusais beaucoup?

ADÈLE.

En effet... mais il y a fin à tout, et comme il est tard...

LAMBERT.

Attendez-moi. (*A Julie*). Cherchez votre frère pendant ce temps-là. (*Il sort avec Godard*).

SCÈNE XXVIII.

ADÈLE, JULIE, *puis* HENRI ET GASTON.

ADÈLE (*).

Tiens! il ne me dit pas à moi de chercher le mien, que nous cherchons partout.

JULIE.

C'est que cela va sans dire...

ADÈLE.

Non. C'est que mon frère se bat probablement cette nuit ou plutôt ce matin, et qu'il en aura prévenu mon père.

JULIE, *pâle, lui prenant la main*.

Tu crois... (*Henri paraît au fond et derrière lui Gaston*).

ADÈLE, *courant à Henri*.

Ah! enfin!... Hé bien?

HENRI, *grave*.

Rassurez-vous, mademoiselle; votre frère ne se bat pas, on lui a donné des excuses dont il a eu la sagesse de se contenter. (*Gaston arrive sur ces derniers mots*).

GASTON, *avec colère* (**).

Henri!

HENRI.

Mais comme, moi, je ne m'en contente pas, j'irai provoquer demain M. de Saint-Maurice.

GASTON, *à Henri*.

Je te défends de te mêler de mes affaires...

(*) Adèle, Julie.
(**) Adèle, Gaston, Henri, Julie.

ADÈLE, *à Henri* (*).

Et moi, je vous défends de me compromettre.

HENRI.

Soyez tranquille, vous ne serez pour rien dans ce qui se passera. Cet homme a besoin d'une leçon, et n'importe sous quel prétexte, il la recevra.

ADÈLE.

Et moi, je vous ordonne... ou plutôt, non ; je vous supplie... vous êtes bon, monsieur Henri, ne me donnez pas ce chagrin-là !... (*Elle pleure*).

HENRI, *étonné*.

Quel chagrin ? Qu'est-ce que cela peut vous faire que j'aie une altercation, un duel même avec un monsieur qui me déplaît ? — Vous ne le connaissez pas, ce monsieur, et ce n'est pas la tirade qu'il vous a débitée devant moi qui a pu vous intéresser à lui ?

ADÈLE *cache sa tête dans ses mains*.

Oh !

HENRI, *accablé, à part*.

Il ne me manquerait plus que ce malheur-là !...

JULIE, *s'approchant*.

Mon frère, c'est peut-être pour tes jours que l'on craint.

HENRI, *souriant avec amertume*.

Peut-être !... tu dis bien. (*A Adèle*). Mademoiselle, rassurez-vous : je ne provoquerai pas M. de Saint-Maurice.

ADÈLE, *lui tendant la main*.

Merci ! (*Allant à Gaston*). Mon bon frère, quand je pense que j'ai failli être cause... (*Elle l'embrasse*). Oh ! il me tarde de sortir d'ici. Ces messieurs qui devaient revenir tout de suite... (*Voyant venir Guiblain*). Ah ! monsieur Guiblain, et mon père ? .

SCÈNE XXIX.
LES MÊMES, GUIBLAIN.

GUIBLAIN.

Votre père est entrain de faire entendre raison à quelques entêtés qui ne voulaient pas me laisser partir sous prétexte que je gagnais leur argent.

HENRI, *mécontent*.

Comment ! tu as gagné encore ?

GUIBLAIN.

Que veux-tu ?... Est-ce ma faute à moi si la chance m'a continuellement été favorable ? J'ai fait tous mes efforts pour perdre, je n'ai pas pu. (*Arrivent deux domestiques avec deux plateaux chargés, l'un de liquides, l'autre de comestibles ; prenant un verre de champagne*). C'est égal, c'est une belle soirée qu'a donnée la baronne. Rien n'y manquait. — Qu'en dis-tu, ma fille ? T'es-tu bien amusée ?

(*) Gaston, Adèle, Henri, Julie.

JULIE.

Oui, mon père.

GUIBLAIN.

Tu vois bien... tu t'es fait prier... Ouf ! il fait chaud. (*Au garçon, qui sortait*). Attendez. (*Il prend un verre de punch*). Et toi, Gaston, as-tu vu la personne que tu voulais voir ? Tes espérances se confirment-elles ?

GASTON.

Oui, à peu près...

GUIBLAIN.

Tant mieux. (*A part*). Il n'y a que ce pauvre Lambert qui n'a pas fait ses affaires ; je le crains, à en juger par sa mine. Tant pis ! cela lui apprendra à devenir ambitieux... à son âge !

SCÈNE XXX.
LES MÊMES, LAMBERT, *puis* LA BARONNE ET ANTONIA.

LAMBERT, *arrivant par la gauche*.

Ah ! ça, morbleu ! il faut pourtant que je le retrouve, ce chapeau ! (*S'essuyant le front, à Guiblain*). Ah ! tu peux te vanter de m'avoir donné du mal, toi.

GUIBLAIN.

Pourquoi donc ?

LAMBERT.

Pourquoi ? pourquoi !...

GUIBLAIN, *tournant les yeux vers le salon de gauche*.

Ah ! oui. — Ma foi, je suis désolé, mais je ne puis pourtant pas jouer toute la nuit.

LA BARONNE, *qui causait bas à Adèle*.

Attendez un instant, monsieur Lambert, on va vous apporter un foulard qui vous sera très-commode. (*Antonia sort en courant*.) Mais vous ne partez pas encore, j'espère ?..

LAMBERT.

Mon Dieu ! madame... (*Apercevant quelqu'un qui passe au fond et courant à lui*.) Oh ! pour le coup... (*Il lui ôte son chapeau de dessus la tête et l'examine*).

LE MONSIEUR.

Monsieur, que signifie ?...

LAMBERT.

Pardon, monsieur ; on m'a volé mon chapeau, et comme celui que vous portez lui ressemble beaucoup...

LE MONSIEUR, *furieux*.

Monsieur ! si ce n'était par respect pour madame la baronne...

LAMBERT, *lui rendant le chapeau*.

Quoi donc ? Puisqu'on vous le rend, votre chapeau, vous êtes plus heureux que moi. (*Aux autres*). Eh bien ! partons-nous ?

GUIBLAIN.

Nous n'attendions que toi.

LA BARONNE.

Vous partez déjà ? Vous allez tuer mon bal. (*A Adèle*).

Je croyais que vous aviez promis à Antonia que vous
resteriez jusqu'à la fin.

GUIBLAIN.

Il est près de deux heures, et nous ne sommes pas
encore chez nous. — Permettez-nous, madame la baronne, de vous remercier bien vivement de votre gracieux accueil et de la charmante soirée que vous nous
avez procurée. (*La baronne, tout en répondant aux
compliments de sa société, remonte avec elle*).

LAMBERT, *à part, en grommelant.*

Charmanie... pour toi, c'est possible. Et encore, si je
n'avais pas été là, Dieu sait comment cela se serait ter-
miné.

GUIBLAIN.

Mais je ne vois pas Gaston. (*A Adèle.*) Avez-vous
prévenu votre frère?

LA BARONNE.

Est-ce que M. Gaston retourne ce soir avec vous?

GUIBLAIN.

Mais sans doute.

LA BARONNE, *d'un air désappointé.*

Ah! — Mille pardons de vous quitter. Mais vous savez, une maîtresse de maison ne s'appartient pas. (*Guiblain et Henri s'inclinent. La baronne salue, et au mo-
moment de sortir par le fond, se croise avec Gaston,
qui vient par la gauche, son chapeau à la main.*) Tenez,
voici justement M. Gaston. (*A ce nom Lambert se retourne et fronce le sourcil*). Messieurs, mesdemoiselles,
si je vous dis adieu pour ce soir, j'espère (*Les yeux sur
Gaston*) au moins que nous nous reverrons.

GASTON, *s'inclinant.*

Madame la baronne...

UN DOMESTIQUE.

M. Lambert et M. Guiblain, vos cochers vous font dire
que les chevaux s'impatientent.

LA BARONNE.

Dites qu'on aille vite leur porter du punch... (*Le domestique paraît surpris*) aux cochers. (*Le domestique
sort*). Et Antonia qui ne revient pas!... Veuillez donc vous
reposer un instant. (*Agitant son éventail.*) Ah! j'étouffe!..

SCÈNE XXXI.

GUIBLAIN, HENRI, JULIE, ADÈLE, LAMBERT,
GASTON, *puis* ANTONIA, *puis* DE LUSSAC.

LAMBERT, *à Gaston, sur le devant de la scène, à gauche.*

Que viens-tu faire ici? Tu sais ce que je t'ai dit.

GASTON.

Oui; mais comme je craindrais pour vous une scène
de la part de ma sœur, je vais vous accompagner jusqu'à la route et faire semblant de monter à côté du
cocher.

LAMBERT.

Soit. (*Guiblain s'approche*).

GASTON, *timidement.*

Pardon, mon père, je vois que vous n'avez pas re-
trouvé votre chapeau et je sais que vous craignez beaucoup le froid à la tête. Ce n'est pas comme moi, qui
l'ai toujours brûlante. Je vous en prie, prenez donc...

LAMBERT, *avec dignité.*

Je n'ai que faire de vos dons, monsieur; gardez votre
chapeau. (*Gaston remonte*).

GUIBLAIN.

Qu'est-ce qui te prend donc? Comment, tu refuses à
ton fils la satisfaction...

LAMBERT, *d'un ton bourru.*

Oui... cela me plaît ainsi... (*Baissant la voix.*) D'ailleurs je l'ai essayé, son chapeau, il m'est trop petit.
(*A Antonia, qui lui apporte un foulard.*) Ah! très-bien.

ADÈLE, *bas, à l'oreille de son père.*

C'est là tout ton remerciement?

LAMBERT.

Mademoiselle, croyez que... je vous le renverrai.
Allons, partons-nous enfin? (*En sortant, il se rencontre
avec de Lussac et reste un instant muet de colère.*) Ah!
monsieur de Lussac, j'ai bien l'honneur de vous saluer.
Surtout ne m'oubliez pas auprès de votre ami... vous
savez... le neveu...

DE LUSSAC.

Je le cherchais... et je pensais qu'il était avec vous.
— Est-ce que vous partez?

LAMBERT, *avec une fureur concentrée.*

Oui, monsieur; oui, je pars.

DE LUSSAC.

Monsieur, je ne vous dis pas adieu. (*Lambert se retourne et le regarde fixement, comme se disposant à lui
répondre, puis il s'en va sans rien dire. De Lussac, qui
n'a rien remarqué du jeu de physionomie de Lambert, à
Gaston.*) Vous ne partez pas, vous?

GASTON, *bas.*

Non; je reviens à l'instant.

DE LUSSAC.

Nous partirons ensemble pour Paris. (*Gaston sort*).

SCÈNE XXXII.

DE LUSSAC, *puis* LA BARONNE, *puis* CHARLOTTE.

DE LUSSAC.

Allons, tout a bien marché ce soir. Mon lansquenet
n'a pas été trop malheureux. Dame, je n'ai pas amassé
une aussi riche moisson que M. Guiblain, qui a gagné
trois à quatre mille francs, outre ses bénéfices à l'écarté,
mais s'est exposé à en perdre cent mille et plus. De
quel train il y allait pour un homme qui n'avait jamais
joué! — Ah! on a raison de dire qu'il n'est rien de

tel qu'un poltron échauffé. Je crois, de plus, malgré ces messieurs, que c'est le cas d'appliquer cet autre proverbe : « Aux innocents les mains pleines. » Mais il ne nous enlève pas moins cinq ou six mille francs, à la baronne et à moi, et cela crie vengeance.

LA BARONNE, *arrivant du fond.*

Eh bien! que me disiez-vous donc? que M. Gaston nous restait... le voilà qui part avec les autres.

DE LUSSAC.

Il ne fait que les accompagner jusqu'à la route. — Nous retournons ensemble à Paris.

LA BARONNE.

Très-bien. — Dites-moi donc quel est ce monsieur de Saint-Maurice que vous m'avez amené ce soir ?

DE LUSSAC.

C'est un jeune homme comme un autre. Il est même mieux que beaucoup d'autres. — Pourquoi me demandez-vous cela?

LA BARONNE.

Il paraît qu'une altercation très-vive aurait eu lieu entre lui et le fils de M. Guiblain, qui l'aurait surpris tenant à Mlle Lambert des propos très-compromettants. — Avez-vous entendu parler de cela?

DE LUSSAC.

Non. Comment, de Saint-Maurice!... (*A part.*) Tiens, tiens! (*Haut.*) Cela m'étonne de mon ami; mais... quand cela serait, baronne ; quand cette demoiselle, qui paraît aimer beaucoup les compliments, en aurait entendu un peu plus qu'elle n'en devait entendre; quand elle aurait été un peu... compromise, comme vous dites... Voyons, baronne, est-ce que pour vous comme pour moi...

LA BARONNE.

Tenez, vicomte, vous êtes décidément un méchant homme, et j'ai toujours pensé que vous finiriez par me perdre.

DE LUSSAC.

Oh ! baronne... vous me flattez !

LA BARONNE, *furieuse.*

Vous voulez dire par là que j'étais perdue avant vous, — que c'est moi qui vous ai perdu peut-être...

DE LUSSAC.

Pas le moins du monde.

LA BARONNE, *se frappant les ongles réunis de la main gauche avec son éventail.*

Allez, allez! vous me paierez vos insolences.

DE LUSSAC.

En vérité, baronne, je ne vous reconnais plus, vous si douce d'ordinaire. De grâce, calmez-vous.

LA BARONNE, *après un temps.*

Ainsi, c'est chose convenue, vous allez repartir avec M. Gaston, et, chemin faisant, vous l'amènerez tout doucement à me faire la demande de la main d'Anto-

nia. Après-demain, vous revenez ici tous deux faire la démarche officielle. D'ici là, vous l'engagerez à se munir de tous ses papiers, et le lendemain ou surlendemain nous partons pour Paris et nous allons de suite chez le notaire. — Chez qui? — En connaissez-vous un particulièrement ?

DE LUSSAC.

Moi? Quel rapport voulez-vous que j'aie avec ces messieurs? — Quand j'aurai fait fortune, je ne dis pas; — alors j'achèterai un bel hôtel à Paris et j'aurai un brillant équipage; c'est là mon rêve.

LA BARONNE.

Moi, mon rêve est plus modeste, c'est tout simplement de me débarrasser de la mauvaise société qui m'entoure pour entrer dans un monde honorable.

DE LUSSAC, *blessé, avec ironie.*

Tout simplement ?... A votre aise. J'avoue que je ne suis pas si scrupuleux. Le champ où je puis glaner me paraît toujours magnifique (*Regardant la baronne en dessous*), et dès que l'autel me fait vivre, je ne regarde pas s'il est de marbre ou de carton.

LA BARONNE.

Vicomte !

DE LUSSAC.

Baronne !

LA BARONNE.

Vous savez combien je suis susceptible...

DE LUSSAC.

Mais je n'ai rien dit, je crois...

CHARLOTTE, *arrivant du fond.*

Madame, tout le monde s'en va.

LA BARONNE, *regardant la pendule.*

En effet, voilà bientôt trois heures. — Et les joueurs ?

CHARLOTTE.

Il n'y en a plus que deux, et encore ils ne jouent pas : ils se promènent là comme deux âmes en peine. Il y a apparence qu'ils ont beaucoup perdu.

LA BARONNE, *se levant.*

Je les verrai tout à l'heure. — Va préparer la chambre d'Antonia, que je vais t'envoyer.

(*Elle sort par le fond, Gaston entre par la droite*).

SCÈNE XXXIII.

DE LUSSAC, GASTON.

DE LUSSAC.

Allons donc!... Je commençais à craindre que le remords n'eut pris monsieur votre père et que vous n'eussiez fait la paix.

GASTON.

Pourquoi? — Il me semble que ma réconciliation avec mon père est ce qui pourrait m'arriver de meilleur en ce moment.

DE LUSSAC.

Pas du tout. Cela diminuerait votre prestige ; cela vous enlèverait une partie de l'intérêt que vous inspirez à certaines personnes. Bref, pour ne pas vous laisser plus longtemps en suspens, la baronne et sa fille sont des âmes très-sensibles qui, vous voyant en quelque sorte abandonné de votre famille, ont conçu pour vous la plus vive sympathie.

GASTON.

Je suis confus de la bonté de ces dames pour moi, mais je ne m'explique pas...

DE LUSSAC, *regardant la pendule.*

Voici l'heure, venez. On vous expliquera en route...

(Ils sortent par le fond, Joly entre par la gauche).

SCÈNE XXXIV.

JOLY, *puis* LEROI.

JOLY, *à part.*

Comment diable vais-je faire ? Emprunter à la baronne, avec qui je suis déjà en arrière de près de deux mois ; c'est très-délicat, et pourtant il me faut absolument ces deux cents francs pour demain, et je n'ai pas seulement de quoi prendre une troisième pour retourner à Paris. Je jouais pourtant bien prudemment, mon Dieu ! jamais plus d'un ou deux louis à la fois. A un moment, au lansquenet, si j'avais osé continuer la main que j'ai passée à cet étranger qui nous a tous dévorés... mais je n'avais pas assez d'argent devant moi, et, comme on dit, l'eau va toujours à la rivière. Que faire ? Il me faut ces deux cents francs, il n'y a pas à dire.

LEROY, *arrivant de gauche.*

Eh bien ! vous n'êtes pas parti ?

JOLY.

Non. Et vous ?

LEROY.

Je pars. — Vous avez été, comme moi, bien maltraité ce soir.

JOLY.

Oh ! pas beaucoup, je jouais si petit jeu ; je n'ai guère perdu que deux cents francs, mais j'avais précisément besoin de cet argent pour demain.

LEROY.

Et il ne vous reste plus rien ?

JOLY.

Non. (*Frappé d'une idée.*) C'est-à-dire si ; il me reste une centaine d'écus, mais comme ce n'est pas la somme dont j'ai besoin, je les compte pour rien.

LEROY.

Eh bien ! moi, il me reste juste autant qu'à vous et je suis dans le même cas : je veux six cents francs ou rien. (*Allant à une table d'écarté.*) Venez, je vous joue mes cent écus contre les vôtres.

JOLY.

Soit. (*A part.*) Ma foi, il n'y a personne, aux grands maux les grands remèdes.

LEROY, *à part.*

Il n'y a que nous, en avant les grands moyens. — A vous de faire.

SCÈNE XXXV.

LES MÊMES, LA BARONNE.

LA BARONNE.

Eh bien ! messieurs, que faites-vous donc là ? Vous avez à peine dix minutes devant vous.

JOLY, *regardant l'heure.*

Pour le train de trois heures, oui.

LA BARONNE, *effrayée.*

Mais j'espère bien que, pour vous deux, vous ne me forcerez pas...

LEROY.

Non. Cinq points d'écarté et nous partons. (*A Joly.*) Hein ! je vous y prends. — Vous venez de faire sauter la coupe.

JOLY.

Monsieur !

LEROY.

Vous êtes un filou !

JOLY.

Ménagez vos expressions.

LEROY.

Montrez-moi votre argent.

JOLY.

Vous osez douter de ma parole !... Et moi si je vous disais de me faire voir vos cent écus.

LEROY.

Je vous répondrais que vous êtes un drôle.

LA BARONNE, *tirant de sa poche de l'argent qu'elle leur donne.*

Tenez, voilà de quoi payer vos deux places ; vous vous expliquerez en chemin de fer. Partez vite. — Monsieur Joly, vous ne mettrez plus les pieds chez moi que vous ne m'ayez payé ce que vous me devez.

JOLY.

Mon Dieu ! madame...

LA BARONNE.

Mais dépêchez-vous donc, le train va partir.

LEROY, *à Joly, en s'en allant.*

Ah ! c'est comme cela que...

JOLY.

Vous êtes fou. (*Ils sortent en se querellant*).

LAMBERT.

Bah !

GUIBLAIN.

Oui. Henri a pensé, et j'ai reconnu qu'en effet une fortune venue d'une pareille source ne pouvait que me porter malheur, et, ma foi, j'en ai fait bravement le sacrifice.

LAMBERT, *l'observant attentivement.*

Ce n'est pas possible !... Es-tu fou? car enfin cet argent, tu l'avais loyalement gagné, n'est-ce pas?

GUIBLAIN, *sans voir l'intention de Lambert.*

J'aime à le croire, et je pense, du reste, que ces messieurs n'ont rien à me reprocher. J'ai tout fait pour leur rendre mon bénéfice, je leur ai donné autant de revanches qu'ils ont voulu.

LAMBERT, *à part.*

Oh !... pas tout à fait.

HENRI.

Pour moi, vu ton inexpérience du jeu, je suis convaincu que ces messieurs, qui, pour la plupart, m'ont paru avoir assez mauvaise mine, ont fait exprès de te laisser gagner une première fois, dans l'espoir de t'attirer plus tard et de te ruiner.

LAMBERT, *à Henri.*

Qu'importe; du moment que votre père a joué loyalement, je ne vois pas pourquoi il se priverait de son bénéfice. Il est bien à lui; et puis, s'il vous semble que cet argent vienne d'une source impure, et doive nécessairement porter malheur, c'était, je crois, une raison de plus pour ne pas le donner à d'autres.

GUIBLAIN.

C'est aussi ce que je pensais, mais...

HENRI, *à Lambert.*

Pardon, monsieur, vous oubliez que la charité, comme l'amour, est un feu qui purifie. Cet argent, en passant des mains de mon père dans celles des malheureux, a perdu sa tache originelle : hier il s'appelait Spéculation et Hasard, aujourd'hui il s'appelle Secours et Providence.

LAMBERT.

C'est trop fort pour moi.

ADÈLE.

C'est bien pensé, monsieur Henri, et je vous approuve. — Mais, avec tout cela vous ne mangez pas.

HENRI.

Pardon, mademoiselle. (*Mathieu paraît au fond*).

SCÈNE X.

LES MÊMES, LE PÈRE MATHIEU.

MATHIEU, *au fond, tenant un panier à la main, à part.*
Tiens! c'était donc pour ce matin?... Ah ! bien...

PIERRE.

C'est vous, père Mathieu, qu'est-ce que vous dites de neuf?

MATHIEU.

Je dis que je n'ai pas de chance ; ce n'est pas du nouveau.

LAMBERT, *sans se retourner.*

Qu'est-ce que c'est, Pierre?

PIERRE.

Rien. C'est le père Mathieu qui dit qu'il n'a pas de chance.

LAMBERT, *se retournant et se levant.*

Le père Mathieu!... et tu appelles cela rien ! — la crème des honnêtes gens. — Qu'est-ce que vous voulez, mon brave? et d'abord buvez-moi ça. (*Il lui verse un verre de vin sur le devant de la table*).

MATHIEU.

Mon Dieu ! monsieur Lambert, vous me l'offrez de si bon cœur... A votre santé et à celle de la compagnie. (*Après avoir bu.*) Peste! il est bon votre vin, et il aurait joliment arrosé une petite bête que je vous apporte et qui ne pourra pas vous servir pour ce matin. J'avais compris que votre dîner était pour ce soir.

NICOLE, *s'avançant et ouvrant le panier.*

Oh !... Et vous appelez ça une petite bête?... Une anguille magnifique.

LAMBERT.

Eh bien! mon bon Mathieu, je vous remercie de l'intention; mais vous voyez, il est trop tard... Je ferai reporter cela chez vous avec deux bouteilles de mon vin, puisque vous l'avez trouvé bon.

MATHIEU.

Ah ! par exemple! quand mademoiselle, il y a un mois, vers la fin de ma maladie, m'a fait porter plusieurs pots de confiture, est-ce que je les lui ai renvoyés, sous prétexte que j'allais mieux et que je pouvais me passer de douceurs? — Non; j'aurais craint de lui faire de la peine.

LAMBERT.

C'est bon, père Mathieu, on gardera votre anguille. — Eh bien! vous voilà tout-à-fait rétabli maintenant; vos affaires vont bien; rien ne vous manque. C'est un plaisir de voir heureux ceux qui méritent si bien de l'être. (*Mathieu pousse un gros soupir*). Tenez, père Mathieu, sans cérémonie... Vous voyez qu'il y a de la place... Mettez-vous là en face de moi.

MATHIEU.

Désolé de vous refuser, monsieur Lambert, mais je ne puis pas rester ici pour le moment. (*Tirant de son gousset une grosse montre et regardant l'heure*). J'ai même moins de temps que je croyais. — On doit apporter chez moi, dans dix minutes, un paquet de pantalons et de blouses à choisir pour mes ouvriers.

LAMBERT.

Ah! ah! vous remettez vos ouvriers à neuf?

MATHIEU.

Oui. C'est un cadeau que je leur fais tous les ans.

LAMBERT.

Eh bien! mon père Mathieu, allez et... — Qu'est-ce qu'il y a d'ici chez vous? un demi-kilomètre?

MATHIEU.

A peine. — Mais, à propos, je n'aperçois pas M. Gaston. Est-ce qu'il n'est pas ici?

LAMBERT.

Comme vous voyez.

MATHIEU.

Il n'est pas malade?

LAMBERT.

Non... que je sache.

MATHIEU.

Il ne vous a pas même écrit pour votre fête? — Pardon de mon indiscrétion, monsieur Lambert, mais dans le peu que j'ai connu M. Gaston, il m'a toujours paru un si brave jeune homme, que je ne puis m'empêcher de m'intéresser à lui et de maudire ceux qui l'éloignent de sa famille et de ses devoirs.

LAMBERT.

Que voulez-vous? cela le regarde. — Je vous disais donc d'aller bien vite à vos affaires et de revenir tout de suite ici; votre place vous attend. C'est convenu? (*Lui serrant la main*). A tantôt.

MATHIEU.

Ah! monsieur Lambert, un tel honneur...

GUIBLAIN, *lui serrant la main à son tour.*

Vous le méritez, mon brave, et tous ceux qui vous connaîtront seront heureux de vous donner cette marque d'estime.

MATHIEU, *ému.*

Ah! monsieur Guiblain... (*A Henri, qui lui tend la main*). Monsieur Henri...

HENRI.

Est-ce que je ne pourrais pas vous épargner cette course, monsieur Mathieu? Je n'ai plus faim, et si vous aviez assez confiance en moi...

MATHIEU.

Oh! monsieur Henri, je ne souffrirais pas... Tenez, je me sauve, car vous finiriez par me faire pleurer.

PIERRE, *avec exclamation.*

Oh! dame... (*A Nicole, qui lui donne un coup de poing pour le faire taire*). Hein?

MATHIEU, *du fond.*

Ah! tenez, le ciel vous récompense tous de votre bonne action, car voilà une agréable visite qui vous arrive. (*Gaston paraît au fond*).

LAMBERT.

Gaston!...

JULIE.

Lui!...

ADÈLE, *à part.*

Quel bonheur!

SCÈNE XI.

LES MÊMES, GASTON.

GASTON, *du fond.*

Bonjour, monsieur Mathieu!

MATHIEU, *avec abandon.*

Bonjour, monsieur Gaston. (*Il tend la main comme pour prendre celle de Gaston, qui ne paraît pas y faire attention*).

LAMBERT.

Ne touchez pas cette main-là, père Mathieu, je n'en suis pas sûr.

GASTON.

Mon père!...

MATHIEU.

Oh! monsieur Lambert!...

LAMBERT.

Allez et n'oubliez pas que nous vous attendons.

SCÈNE XII.

LES MÊMES, *moins* MATHIEU.

GASTON.

Vous avez été dur pour moi tout à l'heure, mon père, et vous venez de mettre le respect que je vous dois à une rude épreuve.

LAMBERT.

Qu'est-ce à dire, monsieur? — Des menaces?

GASTON.

Non, mon père. Seulement il me semble que pour vous-même, devant ce paysan...

LAMBERT.

Au fait, monsieur, que venez-vous faire ici? Me demander encore de l'argent? Je n'en ai plus.

GASTON.

Non, mon père; non, au contraire.

LAMBERT.

Vous venez m'en apporter?

GASTON.

Je viens vous annoncer un changement dans ma position qui me mettra à même de m'acquitter bientôt envers vous. — J'épouse la fille de la baronne, qui apporte en dot cent mille francs, sans compter l'avenir. (*Julie pâlit tout à coup et passe la main sur son front. Son frère l'observe; Adèle aussi*).

GUIBLAIN.

Oh! oh! mon cher Gaston, reçois nos compliments.

LAMBERT.

Parle pour toi, Guiblain, si tu es assez fou pour croire à ce nouveau mensonge. Si la baronne a la fortune que l'on dit, il faudrait qu'elle fût vraiment folle de donner sa fille à un mauvais sujet qui n'a rien.

GASTON.

Je m'attendais, mon père, que vous ne voudriez rien faire pour moi, et j'en ai prévenu la baronne et sa fille, qui ne demandent qu'une chose, votre consentement et votre signature au contrat, pour preuve que nous ne sommes pas dans de trop mauvais termes. — L'acte doit être dressé précisément par votre ancien notaire de Paris...

LAMBERT.

M. Michelet?

GASTON.

Justement. Il a, dit-il, apporté tous ses soins à cette affaire, et m'a même remis pour vous une lettre qui a pour but, dit-il, de vous fléchir et de ramener la bonne harmonie entre nous. (*Il tend la lettre à son père, qui hésite à la prendre*).

JULIE.

De sorte que vous voilà bien fier, bien heureux, monsieur Gaston?

GASTON, *avec un sourire amer*.

Fier comme le débiteur qui, pour se libérer, cède son patrimoine; heureux comme le fils prodigue qui, pour échapper à la honte et à la misère, vend sa liberté et se fait soldat.

HENRI.

Soldat !... Tu pourrais dire au moins capitaine, et la double épaulette t'a bien un peu ébloui, avoue-le.

GASTON.

Tu ne me connais pas, Henri... Je m'en suis toujours aperçu, du reste...

HENRI.

De là cette réserve et cette défiance que tu m'as toujours montrées?

GASTON.

C'est possible.

GUIBLAIN.

Qu'as-tu donc, Julie, je te trouve toute changée?

JULIE, *s'efforçant de sourire*.

Moi, mon père... je n'ai rien... Que voulez-vous que j'aie?... Mais c'est vous qui aviez si faim, vous ne mangez pas...

ADÈLE.

C'est vrai... Monsieur Guiblain, un peu de perdrix.

GUIBLAIN.

Merci, mademoiselle. (*A part*). Elle l'aime, et je ne m'en étais pas aperçu... (*A Lambert*). Eh bien! qu'est-ce que tu fais avec cette lettre entre les mains? La lis-tu, oui ou non?

LAMBERT, *à lui-même, tenant toujours la lettre à la main non décachetée*.

C'est bien l'écriture de M. Michelet... C'est étrange... Voyons. (*Tout le monde prête l'attention la plus vive*). « Cher monsieur Lambert, je vous ai toujours connu très-minutieux et très-défiant en affaire, et c'est souvent un tort, car il est d'excellentes occasions qu'on peut laisser échapper et qu'on ne retrouvera jamais. (*S'interrompant*). Ah! (*Continuant*). « Certes, on ne fera pas ce reproche à M. votre fils. S'il est quelqu'un au monde de facile à tromper, c'est lui... Je l'avais perdu de vue depuis longtemps et ne savais ce qu'il était devenu. Heureusement pour lui, il s'est souvenu de moi ces jours derniers. Ayant appris par deux ou trois vrais amis qu'il a à Paris l'exploitation dont il était l'objet de la part de soi-disant protecteurs et la brèche énorme qu'il avait déjà faite à sa fortune, je me suis demandé comment une baronne qui se dit presque millionnaire pouvait consentir à lui donner sa fille. J'ai voulu sonder ce mystère et mon étonnement a bientôt cessé. Il n'y a pas plus de baronne que sur la main. Il y a une femme d'assez basse origine qui a été pendant dix ans la maîtresse d'un baron, lequel est mort en lui laissant une petite fortune qu'elle a augmentée en montant chez elle, à Paris, une maison de jeu où l'on paie tant par semaine pour avoir le droit de se ruiner. (*Gaston descend et va s'asseoir sur le banc*). On assure que, grâce à son tact et à son adresse, tout s'est toujours passé chez elle convenablement. Ce qu'on lui reproche le plus, c'est son intimité avec un soi-disant vicomte de Lussac, un chevalier d'industrie qui lui fait payer cher son dévouement et sa discrétion. D'après certains renseignements que j'ai obtenus, ce prétendu vicomte appartiendrait à une famille d'honnêtes paysans qui, pour l'avoir trop gâté, en auraient fait un mauvais sujet, à tel point qu'un beau jour il aurait déserté la maison paternelle en emportant tout l'argent qu'il y aurait pu trouver. J'ai été sur le point de dire toutes ces choses à M. Gaston lui-même, de le prévenir qu'après l'avoir dépouillé de sa fortune on voulait lui prendre encore le seul bien qui lui restât, son honneur. J'ai réfléchi... J'ai craint qu'après cette nouvelle humiliation il n'osât plus reparaître devant vous... »

GASTON, *accablé, à lui-même*.

C'est vrai.

LAMBERT, *continuant de lire*.

« Et je me suis demandé ce qu'il deviendrait, abandonné par les siens. Alors j'ai eu recours à une ruse bien innocente, convaincu que la nature parlerait chez vous plus haut que tout le reste et que vous pardonneriez à ce fils qui n'est coupable, après tout, que d'une ambition exagérée et d'une confiance aveugle ; mais dont le cœur n'a jamais failli. (*A Gaston, en lui rendant la lettre*). Eh bien ! que dites-vous de cela ?

GASTON, *se levant brusquement et prenant la lettre qu'il met dans sa poche.*

Mon père, il ne vous manque pas un domestique ? Vous n'en avez pas un que vous vouliez remplacer ?

LAMBERT.

Non. Pourquoi cette question ?

GASTON.

Croyez-vous au moins que monsieur Mathieu m'accepterait au nombre de ses ouvriers ?

LAMBERT.

Je te crois, car il n'en a jamais assez.

GASTON.

Je vais le trouver.

LAMBERT.

Allez, il est précisément chez lui en ce moment.

GUIBLAIN.

Oh ! Lambert...

LAMBERT.

Au fait, il doit venir ici tout à l'heure ; attendez-le.

ADÈLE, *pleurant.*

O ma mère ! où es-tu ? (*A son frère*). Frère, tu dois avoir besoin ; viens ici, entre M. Henri et moi.

LAMBERT.

Pierre, va mettre un couvert là-bas, sur ce guéridon.

GASTON.

Pierre, ne te dérange pas. Je n'ai besoin de rien.

LAMBERT.

Comme vous voudrez.

ADÈLE.

Ah ! mon père, ne craignez-vous pas que Dieu vous punisse de tant de méchanceté ?

GUIBLAIN.

Le fait est que ta conduite n'est pas celle d'un père.

LAMBERT, *éclatant.*

Ah ! vous croyez donc à son repentir, vous ? Laissez donc ; c'est une pure grimace qui ne prendra pas. C'est le dépit, c'est la rage d'avoir échoué dans toutes ses entreprises, plus folles les unes que les autres. Certes, son dernier rêve était assez beau : épouser la fille d'une baronne millionnaire !... surtout après avoir vu ce magnifique bal dans ce château ; malheureusement... (*Regardant fixement Guiblain, qui n'y fait pas attention*) il paraît que ce n'était qu'un château de cartes !

GASTON.

Ah !... Ce que vous appelez un rêve, je l'appelle la plus grande démence de ma vie, et je me demande maintenant comment j'ai pu me résoudre à un acte

qui aurait brisé à jamais mes premières et mes plus chères espérances. (*Il regarde Julie*). Si j'ai jamais rêvé la gloire et la fortune, c'était pour les offrir à une femme que j'aimais, qui l'a peut-être deviné et devant qui je n'oserai plus paraître. Si j'ai consenti à ce mariage, pour lequel on m'a longtemps pressé, je vous le jure, c'est que je me voyais perdu sans ressources, couvert de ridicule et de honte, et que j'espérais par mon luxe écraser et faire taire les rieurs.

LAMBERT.

Mais... ce n'était pas trop mal raisonné, mon garçon ; mais ma foi, maintenant, je crois que ton luxe n'écrasera personne.

GUIBLAIN.

Ah ! tiens, Lambert, tu me fais mal, et ce n'était pas la peine de nous inviter à ta fête pour nous faire assister à un pareil spectacle. — Henri et Julie, venez !

LAMBERT.

Faites comme bon vous semblera, vous êtes libres.

GUIBLAIN.

Ainsi, tu abandonnes ton fils sans t'inquiéter de ce qu'il deviendra.

LAMBERT.

Qu'il s'arrange comme il voudra ; il est à un âge où l'on n'a plus besoin de personne pour gagner sa vie.

GUIBLAIN.

Tu connais, toi, des gens qui gagnent leur vie sans le secours de personne ? Où as-tu donc la tête, aujourd'hui ? — Voyons, qu'a-t-il donc fait, ton fils, après tout : il a mangé ses droits maternels, et de plus cinq mille francs qu'il te doit... Ces cinq mille francs te sont-ils indispensables, et les veux-tu tout de suite ?

LAMBERT, *avec colère.*

Guiblain !

GUIBLAIN, *vivement.*

A titre de prêt, bien entendu. S'il t'en faut davantage, dis-le. Tu dois être déjà bien près du but, et on avisera au moyen de te faire atteindre tes mille francs d'impôt.

LAMBERT.

A quel propos dis-tu cela ?

GUIBLAIN.

Tu veux le savoir ? Tu veux que je te dise ce qui te tient au cœur, ce qui t'a tant aigri ces jours derniers ? Hé bien, écoute : ce ne sont pas les prodigalités, ce ne sont pas les rêves déçus de ton fils, ce sont les rêves déçus à toi.

LAMBERT, *brusquement.*

Je ne te comprends pas.

GUIBLAIN.

Que si, tu me comprends bien. Tu fais à ton fils un crime de son ambition parce que toutes ses tentatives ent coûté bon et qu'aucune n'a réussi, — peut-être faute de protections suffisantes, — et cela quand tu sais que tu es encore plus ambitieux que lui. (*Mouvement de Lambert*). Laisse-moi parler : Tu parais furieux parceque ton fils s'est laissé voler par des chevaliers d'industrie, mais tu l'es encore plus parceque tu es tombé dans le même piége, parceque, comme ton fils, tu t'es laissé éblouir par les belles promesses de M. de Lussac. Tu parles des châteaux en Espagne de Gaston... Mon Dieu, il n'était pas plus étrange à Gaston, qui a reçu une éducation brillante, de demander aux lettres la gloire et la fortune, qu'à toi, cultivateur obscur, de demander la croix de la Légion-d'honneur.

LAMBERT.

Moi ! Es-tu fou ? (*A part*). Qui a pu lui dire...

GUIBLAIN.

Après cela, bien entendu, tu aurais voulu autre chose : tu te serais mis sur les rangs pour la députation; toi que j'ai entendu déclamer si souvent contre la noblesse, tu ne te serais plus contenté de ton nom et tu aurais voulu qu'on t'appelât M. de Lambert...

LAMBERT, *furieux.*

Guiblain ! (*A part*). Oh ! si j'étais aussi méchant qu'il le dit... (*Haut, avec un sourire forcé*). Tu as raison, et j'aurais dû tout de suite comprendre que M. de Lussac voulait s'amuser à mes dépens, car moi je ne suis bon qu'à labourer la terre et à engraisser des bestiaux. Il y en a d'autres, au contraire, qui, sous une apparence (*Regardant Guiblain en dessous*) grossière, on peut le dire, cachent énormément de finesse et d'habileté.

GUIBLAIN.

Que veux-tu dire ?

LAMBERT.

Rien... sinon qu'il vaut mieux encore passer pour dupe que pour fripon.

GUIBLAIN.

Est-ce pour moi que tu dis cela ?

HENRI, *d'un ton presque menaçant.*

Expliquez-vous !... Est-ce que vous auriez entendu mal parler de mon père ? (*En ce moment de Lussac paraît au fond*).

LAMBERT, *après un moment de silence embarrassé.*

Eh non ! qui est-ce qui vous parle de votre père ? Je parle de M. de Lussac et je dis que tout le monde y aurait été pris comme moi, Guiblain le premier. Je n'ai rien demandé à M. de Lussac, c'est lui qui est venu à moi, qui m'a promis de me faire obtenir ce qu'il appelait la juste récompense de mes travaux.

SCÈNE XIII.

LES MÊMES, DE LUSSAC.

DE LUSSAC.

Et je vous la promets encore.

(*Tout le monde se retourne et regarde de Lussac avec stupéfaction*).

GASTON, *à part..*

Lui !... quelle audace !...

DE LUSSAC.

Seulement, il faut attendre encore un peu.

LAMBERT, *le prenant des deux mains au collet.*

Ah ! gueux ! ah ! coquin ! tu oses encore paraître devant moi !

DE LUSSAC.

Ah ça ! qu'est-ce qui vous prend ? qu'avez-vous donc ? Quand je vous dis que dans quelques semaines, dans quelques jours peut-être...

LAMBERT.

Et votre ami, le neveu du ministre, va-t-il bien ?

DE LUSSAC, *un peu embarrassé.*

Mais, sans doute...

LAMBERT, *prenant une bouteille et l'élevant au-dessus de sa tête.*

Tais-toi, malheureux, car je ne sais qui me tient...

DE LUSSAC, *à Gaston.*

Gaston, dites-moi donc un peu ce qu'a M. votre père, car vraiment... (*Gaston, sans rien dire, lui montre la lettre du notaire. De Lussac lit le commencement et s'arrête*).

DE LUSSAC.

Ah ! ma foi, vous ne pouviez pas manquer d'être avertis; ce monsieur et moi nous avons eu la même idée. Seulement nous l'aurons exécutée différemment, lui par l'intermédiaire de la poste, moi en personne. Je venais vous dire qu'en effet j'ai appris hier soir que cette prétendue baronne n'était autre chose que...

LAMBERT.

Veuillez lire jusqu'au bout. (*De Lussac lit et ne perd pas contenance*).

DE LUSSAC.

Signé Michelet. — Comment ! c'est ce notaire qui vous écrit ces fariboles-là ?

GASTON.

Oui ; un honnête homme s'il en fût. J'avais oublié d'en prévenir votre baronne en le lui indiquant.

DE LUSSAC.

Oh ! oh ! — Eh bien ! cet honnête homme, en ce qui me concerne, a été mal renseigné et a probablement confondu avec un autre, voilà tout. Je comprends votre désappointement en ce qui concerne la baronne, à qui je me promets de dire tout mon mal au cœur, quelque répugnance que m'inspire à présent la vue de cette femme. Mais ce n'est point une raison pour maltraiter un homme qui ne vous a jamais fait de mal ; qui, au contraire, s'est remué autant qu'il a pu pour vous, et, malgré votre ingratitude, voudra bien se remuer encore pour réaliser les promesses qu'il vous a faites, à vous et à M. votre père. (*En ce moment Mathieu paraît au fond et s'arrête*).

GASTON.

Ne vous remuez pas pour moi, monsieur. Outre tout l'argent que j'ai gaspillé avec vous, vous m'avez soutiré à titre d'emprunt une quinzaine de mille francs, je vous tiens quitte...

LAMBERT.

Pas moi, et il ne sortira pas d'ici qu'il ne m'ait payé son insolence. (*De Lussac se retourne, comme prêt à se sauver, et se trouve en présence de Mathieu*).

SCÈNE XIV.

LES MÊMES, MATHIEU.

MATHIEU.

Et à moi mes dix mille francs. (*Il marche sur de Lussac*).

DE LUSSAC, *reculant anéanti*.

Mon on... Quoi ! vous ici !...

MATHIEU.

Ah ! tu me reconnais donc ? c'est encore heureux.

GEORGES, *à part*.

Maladroit !

MATHIEU.

Ah ! c'est toi le monsieur de Lussac qui, sous prétexte de le servir, a ruiné le fils de M. Lambert. Du reste, débutant par le vol, tu devais continuer; il n'y a que le premier pas qui coûte. Seulement je vous déclare, monsieur l'oiseau de proie, que vous n'irez pas plus loin et qu'on va vous rogner les ailes. Ah ! voleur ! ah ! canaille !

GEORGES, *se révoltant*.

Mon oncle !...— Eh bien ! oui. Pourquoi le nierais-je ? Comme tant d'autres, après avoir longtemps lutté contre la misère, j'ai succombé.

MATHIEU.

Mais, malheureux, chez moi tu n'avais pas à lutter contre la misère.

GEORGES.

Non; mais contre un ennui dévorant : c'était encore pis. — Vous me refusiez obstinément l'argent nécessaire pour aller à Paris, dont j'entendais dire des merveilles, et où je voulais à toute force me faire une position. Cet argent, je l'ai pris comme à compte sur votre succession; mais il n'a pas duré longtemps et a plus profité aux autres qu'à moi, car, moi aussi, dans mes

efforts pour trouver une place honorable, me fiant aux promesses des uns et des autres, j'ai été exploité indignement. Alors, ma foi, le découragement m'a pris et...

MATHIEU.

Tu t'es mis à exploiter les autres. De pigeon, tu t'es fait vautour, et, dans quelque temps, tu serais devenu voleur de grand chemin.

GEORGES, *à part*.

Non, pas si bête. (*Haut*). Pardon, je meurs de faim et de soif; est-ce qu'il n'y aurait pas moyen... (*Adèle s'empresse de porter sur la table champêtre devant laquelle Georges est assis un pâté et un couvert; Julie vient derrière elle avec une bouteille qu'elle dépose sur la table. Pendant ce jeu de scène, Georges dit très-vite, à part). Dans quel guêpier me suis-je fourré ? Bah ! il ne s'agit que d'avertir Jacques et de corrompre ici quelqu'un pour nous servir d'intermédiaire. (A Julie et à Adèle). Ah ! mesdemoiselles, c'est trop de bonté. Vite un mot au crayon. (Il tire de sa poche un carnet et un crayon et se dispose à écrire ; puis il se ravise et dépose son carnet sur la table à côté de lui). Tout à l'heure : au plus pressé d'abord. (Il mange*).

MATHIEU, *à Nicole et à Jean*.

Je sors un instant; ne le perdez pas de vue. (*Il va parler bas à Lambert, qui l'accompagne jusqu'à la grille du fond. A Georges*). Pardonnez-moi de vous quitter si tôt, monsieur le vicomte. — Je vais vous faire préparer une chambre dans mon hôtel et donner des ordres pour qu'on vous y reçoive dignement.

(*Cependant Georges se verse un verre de vin qu'il avale d'un trait. Pierre et Nicole apportent chacun un plat, qu'ils déposent sur la table de Georges, et restent debout à côté de lui, la serviette à la main, Pierre à gauche, Nicole à droite. Georges les regarde avec étonnement. Tout ce jeu de scène se passe très-rapidement*).

SCÈNE VI.

LES MÊMES, *moins* MATHIEU.

GASTON, *assis au fond, regardant Georges*.

Et penser que j'aurais pu finir comme lui !...

LAMBERT, *qui, depuis quelque temps, promenait ses regards de Georges à Gaston, allant à Gaston*.

C'est la réflexion que je faisais, Gaston, et je dois m'estimer heureux de te retrouver ainsi. Pardonne-moi mes brusqueries de tantôt. (*Il l'attire à lui et l'embrasse*).

GASTON, *ému*.

Ah ! mon bon père ! (*En ce moment Georges reprend son carnet et écrit*).

ADÈLE, *sautant au cou de son père*.

Ah ! tiens, c'est bien ce que tu fais là, mon père, et

pour te récompenser, je vais faire ce que tu souhaites depuis si longtemps — (*souriant*) je vais m'exposer à un affront en offrant ma main à M. Henri.

LAMBERT, *fronçant le sourcil.*

Hein?

GEORGES, *qui prête l'oreille.*

Attention !

GUIBLAIN, *à part.*

Que dit-elle? Henri sait donc... (*Ces trois à parté se disent en même temps*).

HENRI.

Qu'avez-vous dit?... Ah ! mademoiselle, croirai-je à tant de bonheur?

GUIBLAIN, *à part.*

Comment! il accepte?... Il ne sait donc rien? Oh! je lui parlerai, il le faut.

GEORGES, *à part.*

Et M. Guiblain ne proteste pas?... C'est étrange.

LAMBERT, *à part.*

Il faut absolument que je parle ce soir à Adèle.

GUIBLAIN, *à part.*

Oh! cette lettre, cette lettre qui me brûle la poitrine ! (*Ses yeux tombent sur Georges, qui écrit ; frappé d'une idée*). Dieu!... (*Il s'approche de Georges et regarde par-dessus sa tête. Tout à coup il s'empare du carnet de Georges*). Permettez...

GEORGES.

Mais, monsieur...

GUIBLAIN, *tirant la lettre de sa poche.*

Histoire de comparer. (*Lui montrant la lettre*). Reconnaissez-vous ceci?

GEORGES, *accablé.*

Monsieur, je vous jure que vous êtes le premier, le seul à qui...

GUIBLAIN.

Je comprends quel était votre but; nous nous reverrons.

GEORGES.

Et il emporte mon carnet. — Monsieur!... Ah ça ! mais je suis ici dans une forêt de Bondy.

NICOLE, *le voyant se remuer sur sa chaise.*

Qu'est-ce que vous voulez? du pâté? Voilà.

HENRI.

Quoi! chère Adèle, c'est bien vous?...

ADÈLE.

Oui, moi qui renonce à jamais à mes idées de vanité et d'ambition et qui engage mon frère à en faire autant.

GASTON, *regardant Julie.*

Ah ! je n'ai jamais eu au cœur qu'une ambition, et j'ai perdu ce que j'avais de plus cher au monde... car, bien sûr, on ne me pardonnera jamais...

GUIBLAIN, *bas à sa fille.*

Ceci me paraît à ton adresse. Vois ce que tu as à répondre. (*Julie baisse les yeux sans rien dire*).

GEORGES, *se retournant et cherchant à voir.*

Comment ! Gaston aussi se mêle de faire du sentiment...

NICOLE, *lui bouchant la vue.*

Ça ne vous regarde pas ; mangez donc.

GUIBLAIN, *qui a bien observé sa fille, gravement.*

Monsieur Gaston, après avoir bien réfléchi, ma fille vous répond qu'en effet il lui est impossible de pardonner, qu'il est trop tard maintenant. (*Mouvement de désespoir de Gaston ; Julie cache sa tête dans le sein de son père*). Est-ce que ce n'est pas cela qu'il fallait répondre ? Non ? (**A** *Gaston*). Ma fille répond qu'elle vous pardonne.

GASTON.

Serait-il vrai ?... ô ! mademoiselle, parlez! (*Julie lui tend la main, qu'il couvre de baisers*). Ah ! vous ne pouvez savoir le mal que m'ont fait les premières paroles de votre père !...

GUIBLAIN.

C'était pour votre bien : J'ai voulu forcer son cœur à s'expliquer tout de suite.

LAMBERT, *à part.*

Je comprends, il lui tarde de caser ses enfants.

GUIBLAIN.

Autrement, on vous aurait fait attendre au moins huit jours.

GASTON, *à Julie.*

Est-ce vrai ?

JULIE, *souriant.*

Peut-être, je suis si mauvaise...

LAMBERT, *à part.*

Je parlerai ce soir-même à Gaston ; il n'y a pas à reculer.

GEORGES, *à Jean et Nicole, qui l'entourent.*

Mais laissez-moi donc regarder !

NICOLE.

Du tout ; nous ne sommes pas ici pour vous laisser amuser ; mangez et buvez.

GEORGES.

Mais j'en ai assez de votre mangeaille, j'étouffe ! — Est-ce que le père Mathieu demeure loin d'ici?

PIERRE.

Dites-donc, si vous parliez avec plus de respect de M. votre oncle; le père Mathieu, le père Mathieu... c'est agaçant, à la fin !

NICOLE.

Ah! vous pouvez vous vanter de lui avoir fai tourner le sang au pauvre homme. — Aussi, maintenant qu'il vous tient...

GEORGES.

Bah!... Il ne veut pas me tuer, je suppose ?

NICOLE, *lui versant à boire.*

Oh! je ne crois pas. — Qu'est-ce qu'il ferait de votre peau ?

PIERRE, *d'un ton de regret comique.*

Si au moins vous étiez un renard !...

GEORGES.

Hein ?

NICOLE.

Buvez-donc.

ADÈLE.

Décidément, mon père, vous avez quelque chose ; vous êtes à la veille d'un double mariage, et vous voilà triste comme à un enterrement.

GASTON.

Cette tristesse vient de moi, sans doute ?

LAMBERT, *lui prenant la main.*

Non, rassure-toi ; mais voyez, mes enfants, que Guiblain est aussi sérieux que moi, et pour se donner une contenance en est réduit à apprendre par cœur son carnet. C'est qu'il pense comme moi sans doute que le mariage est un acte tellement grave qu'on ne saurait trop réfléchir avant d'enchaîner sa vie... et son honneur... (*Il appuie sur les derniers mots en regardant Guiblain. A part*). Il fait la sourde-oreille, le traître !...

GUIBLAIN, *se levant.*

Monsieur de Lussac, je vous fais compliment de vos amis, ils vous servent avec un zèle merveilleux. (*A Lambert*). Lambert, tu as trois lettres me concernant, que je te prierai de me remettre, comme je t'en remettrai une qui te revient ; elles se valent.

LAMBERT.

Que dis-tu ? — Tu peux prouver que tu as été calomnié ?

GUIBLAIN.

Oui. — Et ta fille aussi.

LAMBERT, *étonné.*

Ma fille !...

GUIBLAIN, *à Georges.*

Ainsi ce n'était pas assez d'avoir ruiné Gaston ; vous vouliez le déshonorer, et non-seulement lui, mais sa famille, ses amis... C'est infâme !... car enfin nous ne vous avons fait aucun mal.

GEORGES.

Non ; mais, avec mon plan, vous pouviez me faire beaucoup de bien. (*Tout le monde lève les yeux au ciel en signe d'indignation*).

LAMBERT.

Quel cynisme !

GUIBLAIN.

Et voilà tout le remords que vous éprouvez de vos fautes ! Mais, malheureux, songez-vous que votre sort est entre nos mains ? que votre oncle peut vous traîner devant les tribunaux pour vol, Lambert et moi pour escroquerie et diffamation ? (*Mathieu paraît au fond, tenant d'une main un pantalon et une blouse de garçon meunier, et de l'autre un fouet*).

SCÈNE XVI.

LES MÊMES, MATHIEU, *au fond.*

GEORGES.

Vous n'en ferez rien ni les uns ni les autres. M. Mathieu ne voudra pas envoyer le fils de sa sœur en prison ; quant à M. Lambert et à vous, vous êtes des gens prudents, cherchant avant tout le calme et la tranquillité, et, comme vous le disiez tout à l'heure, j'ai beaucoup d'amis...

HENRI, *exaspéré.*

Des menaces !... Le misérable ose encore nous menacer ! — Vous ne sortirez de chez votre oncle que pour aller en prison, et jusque-là vous serez bien surveillé, j'en réponds, dussè-je moi-même vous garder à vue.

GEORGES, *avec un sourire satanique.*

Bah ! si j'en crois de Saint-Maurice, vous aurez assez à faire de garder votre femme. (*Adèle, qui écoutait debout près de Julie, tombe dans les bras de cette dernière. Henri lève la main sur Georges ; son père le retient*).

GUIBLAIN.

Henri, ne déshonore pas ton bras. (*Adèle et Julie sortent par l'allée de gauche*). Sois tranquille ; je me charge de cette vipère. Ne t'occupe plus que de ton bonheur. (*Henri, après un moment d'hésitation, va rejoindre Adèle et Julie*).

GASTON, *absorbé.*

Oh ! penser que j'ai été l'ami de cet homme !

MATHIEU.

Et que dirai-je donc, moi, qui suis son oncle ! (*A cette voix Georges pâlit et reste cloué sur sa chaise, n'osant tourner la tête*).

GUIBLAIN, *serrant la main de Mathieu.*

Du courage !

LAMBERT, *même jeu.*

Pas de faiblesse ! (*A Gaston*). Viens, Gaston, ne dérangeons pas les épanchements de M. de Lussac. (*Ils sortent à gauche*).

SCÈNE XVII.

GEORGES, MATHIEU, NICOLE *et* PIERRE.

MATHIEU.

Je vous ai fait attendre, monsieur de Lussac, c'est qu'avant de vous donner pour compagnon à de braves ouvriers dont quelques-uns connaissent votre histoire, j'ai voulu avoir leur permission. — On consent à vous recevoir. — De plus, je vous apporte de quoi vous présenter à eux dans une tenue qui ne les offusque pas.

NICOLE, *s'approchant, après avoir tâté l'étoffe, à Georges.*

Peste ! vous n'êtes pas à plaindre : c'est du tout neuf et du solide encore.

GEORGES, *jetant dédaigneusement un coup-d'œil à travers son lorgnon.*

Qu'est-ce que ça ?

MATHIEU.

Ça, c'est ton nouveau costume. Tu vas te déshabiller.

GEORGES.

Moi ?...

MATHIEU, *avec un accent terrible.*

Oui, toi. — Allons, vautour, à bas les serres !

PIERRE.

C'est ça, et tenez bon. (*Voyant Georges rester immobile*). Si vous voulez, je vais vous aider. (*Il se dispose à lui ôter son habit*).

GEORGES.

Ne me touchez pas !

PIERRE.

Bah ! je me laverai les mains après.

NICOLE, *criant.*

Attendez !... attendez !...

PIERRE *et* MATHIEU.

Quoi donc ?

NICOLE.

Que je sois sortie. (*Elle sort en courant. En passant devant la table, elle prend un énorme morceau de brioche qu'elle met dans la poche de son tablier. Georges, qui a ôté brusquement sa redingote en homme qui a pris son parti, se dispose à ôter son gilet. Le père Mathieu l'observe avec douleur et attendrissement. — La toile tombe*).

FIN DU TROISIÈME ET DERNIER ACTE.

POÉSIES.

A Mᵐᵉ Coste, 1ʳᵉ Chanteuse,

Le soir de sa representation d'adieux au public de Bourges, dans
L'AME EN PEINE.

LA FAUVETTE.

Comme on voit tout à coup, quittant son vert feuillage,
Vers d'autres régions Philomèle s'enfuir,
Ainsi, quittant les bords que charmait son ramage,
   Notre fauvette va partir.

C'en est fait! ce talent que tout le monde admire,
Cette mélodieuse et si touchante voix,
Ce maintien gracieux, ce suave sourire,
Nous raviront ce soir pour la dernière fois.

Hélas! ce cher trésor, Paris nous le réclame.
Quelle perte pour nous! quel coup inattendu!
C'était donc pour cela que le dernier programme
   Annonçait le *Bijou perdu*.

Ce bijou, c'était vous, adorable *Sirène*,
Vous qui nous allez être enlevée à jamais.
Songez à nous ce soir en chantant l'*Ame en peine*,
   Songez à nos amers regrets!

Ah! puissent nos bravos, puisse notre suffrage
Avoir gravé chez vous un heureux souvenir!
Pour rendre son parfum à ce riant bocage,
Puisse notre fauvette un jour nous revenir!

A M.me Gilbert-David,

ARTISTE DRAMATIQUE.

LA VIOLETTE.

Vous qui travailliez sans relâche
A la pénible et rude tâche
Que le destin vous fit échoir,
Vous qui, sur l'océan du monde,
Vivant dans une paix profonde,
Ne connaissez que le devoir !

Tous ceux que devant votre scène
Votre nom seul en foule amène,
Admirent votre beau talent ;
Mais ce public qui vous adore
Est loin de soupçonner encore
Votre côté le plus brillant.

Vous êtes cette fleur sans tache
Qui sous l'herbe humblement se cache,
Fuyant un hommage importun ;
Mais bientôt l'amant qui la guette
A reconnu la *violette*
A sa grâce, à son doux parfum.

Moi, je suis cet amant, madame ;
Je sais la beauté de votre âme,
Et prenant mon luth fièrement,
Je chanterais votre louange,
Si chanter les vertus d'un ange
N'excédait mon faible talent !

A M. Fresne,

Directeur du Théâtre de Belleville.

LA BRANCHE DE SALUT.

ALLÉGORIE.

(FRAGMENT).

Brûlant de couronner ma fille,
J'allais de laurier en laurier ;
Mais, ne connaissant point Camille (*),
Nul ne voulait se dépouiller.

Quand tout à coup, sur la montagne,
J'avise un fresne. Je lui dis :
« Jette un regard sur ma compagne :
» Fresne, ouvre-nous le paradis.

» Pour nous, sacrifie une branche ;
» Pare ma fille, et, de ce jour,
» Tu pourras compter en revanche
» Sur un dévouement sans retour. »

. . . .

. . . .

(*) *Camille Brémont*, comédie en trois actes, en vers.